Schleswig-Holstein
im Farbbild

Schleswig-Holstein
im Farbbild

Text: Klaus-Ove Kahrmann
Fotografie: Fridmar Damm
Luftbilder: Bernhard Lisson

ZIETHEN-PANORAMA VERLAG

© Copyright: 1994 by
ZIETHEN-PANORAMA VERLAG
D-53902 Bad Münstereifel-Langscheid, Flurweg 15
Telefon (0 22 53) 60 47

1. Auflage 1994

Gesamtherstellung:
ZIETHEN Farbdruckmedien GmbH
D-50999 Köln
Unter Buschweg 17

Printed in Germany

Redaktion und Buchgestaltung: Horst Ziethen
Textautor: Klaus-Ove Kahrmann
Englisch-Übersetzung: Alistair A. Tarwid
Französisch-Übersetzung: France Varry

ISBN: 3-929932-18-0

Bildnachweis auf der letzten Seite

SCHLESWIG-HOLSTEIN

Das nördlichste Bundesland Deutschlands mit ca. 2,6 Mio. Einwohnern, das sich bis an die Grenze Dänemarks erstreckt, heißt Schleswig-Holstein. Dieser Doppelname mit Bindestrich zeigt uns, daß wir es hier mit zwei ehemaligen Herzogtümern zu tun haben, die im Laufe der Jahrhunderte zu einem Land zusammengewachsen sind. Viele wissen auch, daß Schleswig und zeitweise auch Holstein einmal dem dänischen Königreich angehört haben, daß Dänemark erst bei Altona vor den Toren Hamburgs seine Grenze hatte. Wie es sich mit der deutsch-dänischen Vergangenheit verhält, soll später noch genauer betrachtet werden. Die Nordfriesischen Inseln mit ihrem Wattenmeer hat wohl so mancher Leser in guter Ferienerinnerung; andere erlebten die Holsteinische Schweiz mit ihrer Seen- und Hügellandschaft. Eine Fahrt auf dem Nord-Ostsee-Kanal, der das Land fast in der Mitte teilt, ist für alle, die sie mitgemacht haben, ein unvergeßliches Erlebnis: in ständiger Begegnung passieren große und größte Seeschiffe den Ausflugsdampfer.

Wir werden sehen, daß dieses kleine Land nördlich der Elbe viele landschaftliche und historische Höhepunkte aufweist, daß wir hier nicht nur schöne Feriendomizile finden, sondern daß es auch ein Lebensumfeld bietet, in dem man sich gut auf Dauer niederlassen kann, wenn man auf die Hektik der Großstädte verzichten kann und kulturelle Höhepunkte nicht jede Woche braucht, wenn man nicht nach Spitzenverdiensten strebt und eine weitgehend noch intakte Natur zu schätzen weiß.

Land und Leute - Land un Lüüt

Die Schleswig-Holsteiner gelten eher als ein wenig steif, wortkarg und allenfalls in Ausnahmefällen zu Witz und Ausgelassenheit fähig. Wer sich länger im Lande aufhält, wird merken, daß dieses Vorurteil kaum eine Entsprechung in der Wirklichkeit findet. Er wird vielmehr die Qualität des für diese Region typischen indirekten Humors kennenlernen. Besonders, wenn man sich die Mühe macht, etwas Plattdeutsch zu lernen, wird deutlich, wieviele „Zwischentöne" diese Mundart zu bieten hat. Ein plattdeutscher Gottesdienst ist ein Erlebnis ganz besonderer Art, und plattdeutsche Volkslieder zeigen Nuancen, die in ihren hochdeutschen Versionen nicht vorkommen. In den letzten Jahren haben sich die Schleswig-Holsteiner wieder „ihrer" Mundart angenommen, nachdem sie jahrzehntelang - auch unter dem Einfluß des großen Flüchtlingsstromes nach 1945 - ins Hintertreffen geraten war. In vielen Schulen wird wieder plattdeutscher Unterricht gegeben, und besondere Aufmerksamkeit findet jedes Jahr der plattdeutsche Lesewettbewerb. Niederdeutsche Bühnen befinden sich im Aufwind. Auch das immer noch in Nordfriesland lebendige Friesisch, eine westgermanische Sprache eigener Prägung, die in zahlreichen Variationen vorkommt, wird zunehmend gepflegt und erfährt Unterstützung durch Lehrstühle an den Universitäten und Hochschulen sowie durch das Nordfriisk Instituut in Bredstedt. Eine weitere Minderheitensprache ist das Dänische, das im Landesteil Schleswig noch etwa von 50 000 Menschen gesprochen wird. In größeren und kleineren Orten Südschleswigs finden wir heute 62 dänische Kindergärten und 53 dänische Schulen.

Schleswig-Holstein ist noch immer stark ländlich geprägt; die Einwohnerzahlen der Städte sind konstant, nehmen manchmal (wie in Flensburg) leicht ab. Nur im Randgebiet der Hansestadt Hamburg ist das anders. Die Großstadt breitet sich immer mehr nach Norden aus und bildet städtische „Ableger" wie Norderstedt, Glinde und Reinbek. Hier lösen sich die alten Dorfstrukturen auf, und örtliche Identität läßt sich nur noch schwer ausmachen. Volksgruppen wie die dänische Minderheit wirken glücklicherweise dieser Tendenz entgegen, da sie über reiche Traditionen und damit verbundene gewohnte „Gemeinschaftsstationen" im Jahreslauf verfügen. Riesige Fachmarktzentren an der Peripherie der Städte „entkunden" nicht nur die Innenstädte, sondern auch die Dörfer, weil sich auf den ersten Blick ein kleiner Laden dort nicht mehr rentiert. Ganz besonders in einer kleinen Gemeinde ist der Kaufmannsladen mehr als nur ein Kaufort, nämlich auch Treffpunkt und Kommunikationsplatz. In Groß Quern bei Flensburg existiert noch ein solcher Laden, in dem man von der Sicherheitsnadel bis zum Moped fast alles kaufen kann. Dort ist fast immer „was los", wenn man den Laden betritt.

Feste feiern die Schleswig-Holsteiner reichlich. Fast jeder Ort hat darin seine Tradition, wie z.B. das Volksfest Heider Marktfrieden oder die Markttage in Bredstedt. Von besonderer Ausprägung sind die Volksfeste mit maritimen Charakter wie Rumregatta und Dampf-Rundum in Flensburg, die Wikingertage in Schleswig und die Heringstage in Kappeln. Über die Grenzen des Landes bekannt ist die Kieler Woche, die es seit 1888 gibt und zu der alljährlich Regatten unterschiedlichster Schiffsgrößen stattfinden. Einige hunderttausend Menschen besuchen jedes Jahr dieses festliche Ereignis, zu dem neben Großseglern auch Dampferveteranen wie z.B. der Eisbrecher „Stettin" kommen.

GESCHICHTE

Vor- und Frühgeschichtliches

Nach dem Ende der letzten Eiszeit besiedelten zunächst Rentierjäger das Land. Die Nordsee war noch nicht vorhanden; es gab eine mehr oder weniger feste Landverbindung bis zum heutigen England. Die Felseninsel Helgoland war zu dieser Zeit eine Festlandserhebung. Etwa 5000 v. Chr. stieg der Meeresspiegel langsam an, in den kommenden zweitausend Jahren um etwa 35 Meter. Nach und nach versanken Wälder und Weidegründe im Meer, und für die damals lebenden Menschen - etwa in der Epoche der jüngeren Steinzeit - muß diese Veränderung, auch wenn sie langsam vor sich ging, katastrophale Ausmaße gehabt haben. Die Vorfahren, die uns die Hünengräber hinterlassen haben, erlebten diese Veränderung mit. Fundstücke aus der Steinzeit in vielen Museen und Privatsammlungen zeigen, daß der Vorläufer des heutigen Schleswig-Holstein schon damals dicht besiedelt sein muß, besonders zur Bronzezeit. Es herrschten rege und weitläufige Handelsbeziehungen zu den Ländern des Mittelmeerraumes, die Rohstoffe für die Bronzeherstellung, Kupfer und Zinn, mußten aus diesen Ländern importiert werden. Als Handelsware diente unter anderem das „Gold des Nordens", der Bernstein, oft in kunstvoll zu Schmuck umgewandelter Form. Das Landesmuseum Schloß Gottorf in Schleswig verfügt über eine besonders reichhaltige Sammlung stein- und bronzezeitlicher Fundstücke.

Das heutige Schleswig-Holstein wird auch die Cimbrische Halbinsel genannt, zusammen mit Teilen Jütlands. Dieser Name stammt vom Volk der Cimbern, das auf seinen Kriegszügen nach Süden zusammen mit den Teutonen und Ambronen um 120 v. Chr. mehrmals die Römer besiegte und schließlich bei Aquae Sextiae (heute: Aix-en-Provence) eine vernichtende Niederlage erlebte. Warum die Stämme sich nach Süden aufmachten und das Land verließen, wissen wir nicht genau. Die schon angesprochenen Landverluste durch Sturmfluten an der Westküste können ebenso dazu beigetragen haben wie eine allgemeine Klimaverschlechterung oder Überbevölkerung. Auch von den Angeln und Sachsen ist bekannt, daß sie die cimbrische Halbinsel verließen (im 5./6. Jahrhundert n. Chr.) und nach Britannien zogen, um unter ihren Führern Hengist und Horsa mit den Briten gegen die Pikten und Skoten zu kämpfen und dann mehrere Königreiche zu gründen (Kent, Sussex, Wessex, Essex usw.). Um die Zeitenwende gab es im heutigen Schleswig-Holstein eine Vielzahl von Völkern. Neben den Sachsengauen Stormarn, Holstein und Dithmarschen siedelten östlich von Schwentine und Trave slavische Stämme. Der Dänische Wald - an ihn erinnert noch heute die Landschaftsbezeichnung Dänischer Wohld - war die Siedlungsgrenze für jütisch-dänische Stämme im Norden. Und im Westen ließen sich im 8. Jahrhundert die Friesen nieder.

Schleswig-Holstein als deutsch-dänisches Grenzland

789 schlägt Karl der Große, der sich schon lange zuvor mit dem Dänenkönig überworfen hatte, die Holsten bei Bornhöved. Dänenkönig Göttrik befürchtet einen fränkischen Angriff und schützt die bedeutendste Handlungssiedlung Haithabu durch den Bau des Danewerkes. Nach Göttriks Tod schließen seine Söhne mit Karl Frieden und einigen sich auf die Eider als Grenze (811). Sie bleibt dies trotz allem historischen Auf und Ab fast 1000 Jahre lang. In Holstein entsteht der Limes Saxoniae, ein mit Burgen und Befestigungsanlagen versehener Schutzwall, der ein Vordringen der Slaven im Osten verhindern soll. In den folgenden Jahrhunderten gibt es viele Kämpfe und Streitereien zwischen Deutschen, Dänen, Schweden und Wenden, die sich meistens um die Handelsmetropole Haithabu drehen.

Unter Otto I. werden die Bistümer Schleswig, Ripen, Aarhus und Oldenburg gegründet. Nach der Niederlage Ottos II. in Süditalien jedoch nimmt der deutsche Einfluß stark ab. Seit 1110 regierten in Holstein die Schauenburger Grafen. Sie erhalten 1386 vom dänischen König das Herzogtum Schleswig als Lehen. Daraufhin ziehen viele deutsche Bauern, Ritter und Kaufleute nach Norden und lassen sich dort nieder. In der Schauenburger Zeit etabliert sich in Schleswig-Holstein der Feudalstaat. Zahlreiche deutsche Ritter erhalten bedeutende Sonderrechte und großen Grundbesitz, u.a. Adelsgeschlechter wie Rantzau, Reventlow und Ruhmor. Die Ritter üben zusammen mit den Prälaten die Macht im Lande aus; der Bauernstand ist fast ohne Mitspracherecht. Nur in Dithmarschen gelingt es, so etwas wie einen bäuerlichen Freistaat zu erhalten.

„Up ewig ungedeelt"

Nach dem Tode des letzten Schauenburgers Adolf VIII. wählt der Landesrat von Schleswig und Holstein den aus dem Hause Oldenburg stammenden dänischen König Christian I. zum Landesherren. Im Ripener Freiheitsbrief von 1460 gibt Christian die feierliche Zusicherung, daß Schleswig und Holstein „bliwen ewich tosamende ungedeelt". Dieser Brief stellt so etwas wie das Statut eines Schleswig-Holsteinischen Staates dar. Von diesem Zeitpunkt an können wir von Schleswig-Holstein im staatsrechtlichen und nicht nur im regionalen Sinne sprechen. Die Herzogtümer sind jetzt mit dem Königreich Dänemark in Personalunion verbunden, denn Christian I. ist gleichzeitig König von Dänemark und Herzog von Schleswig-Holstein.
Das 1143/1158 durch Heinrich den Löwen gegründete Lübeck, das sich im Zuge der Erschließung des Ostseeraumes zum Kopf der Hanse entwickelt hatte, sieht als freie Reichsstadt diese deutsch-dänische Verbindung mit Skepsis. Sie fürchtet in erster Linie die Bedrohung ihrer Vormachtstellung in der Ostsee durch die dänische Flotte. Zwischen 1490 und 1580 kommt es zu vielfältigen komplizierten Landesteilungen, von den Fürsten unter Berufung auf Erb- und Verfügungsrechte vorgenommen. Schließlich gibt es in Schleswig-Holstein zwei Fürsten aus dem Hause Oldenburg. Einer von ihnen ist gleichzeitig König von Dänemark, der andere - mit Sitz in Schloß Gottorf in Schleswig - „nur" Herzog. Ganz Schleswig-Holstein ist wie ein Flickenteppich in „königliche" und „herzögliche" Regionen unterteilt. Eine gemeinsame Regierung und Verwaltung existiert nur in den größeren Städten. Die Dithmarscher können sich mit ihrer Bauernrepublik 1500 bei Hemmingstedt noch wehren, unterliegen aber 1599 und müssen es sich gefallen lassen, daß ihr Land unter den schleswig-holsteinischen Landesherren aufgeteilt wird.

Schleswig-Holstein im Merkantilismus

Die sich durchsetzende merkantilistische Politik hat die Gründung von zwei sogenannten Freistätten im Lande zur Folge. Glückstadt (1616) und Friedrichstadt an der Eider (1621) geben wegen ihres Glaubens Verfolgten Zufluchtsmöglichkeiten. Man erhofft sich durch diese als Handels- und Gewerbestädte angelegten Niederlassungen eine Förderung des gewinnversprechenden Überseehandels. Beide Landesherren unterstützen die Abfassung einer landeskundlichen Schrift mit dem Titel „Newe Landesbeschreibung der zwey Herzogtümer" Schleswich und Holstein ..." von den Husumer Gelehrten Caspar Dankwerth und Johannes Mejer, die mit vielen Karten versehen wurde. Durch Rivalitäten zwischen den beiden Landesherren wird Schleswig-Holstein in den Dreißigjährigen Krieg hineingezogen. Weil sich der Gottorfer Herzog mit dem zunächst siegreichen Schweden verbündet hat, das dann aber im 2. Nordischen Krieg eine vernichtende Niederlage erlebte, muß er 1720 alle Schleswig-Holsteinischen Besitzungen an den dänischen König abtreten. Die Gottorfer, die fortan im Kieler Schloß residieren, treten 1773 dann auch noch ihre holsteinischen Anteile an Dänemark ab, das dafür Oldenburg und Delmenhorst den Gottorfern übergab. Damit sind beide Herzogtümer wieder wie 1460 Teil des dänischen Königreiches. Schleswig-Holstein nimmt eine Sonderstellung in Kopenhagen ein, was man an der „Deutschen Kanzlei" mit dem dänischen Außenminister Graf Andreas Peter Bernstorff an der Spitze sehen kann. Besonders im Bereich der Landwirtschaft werden bedeutende Reformen eingeleitet; 1797 erfolgt die Abschaffung der Leibeigenschaft. Bernstorff holt süddeutsche Bauern ins Land, die die Heide- und Moorgebiete der Geest urbar machten.

Demokratische und liberale Gedanken

In dieser Epoche des aufgeklärten Absolutismus wird das Gut Ehmkendorf in Holstein des Grafen Reventlow zu einem Zentrum des Geistes- und Kulturlebens im Lande, wo unter anderem auch Maßnahmen gegen Gleichschaltungsversuche aus Kopenhagen ihren Anfang finden. Fritz Reventlow und andere Adelige lehnen die demokratischen Ideale der französischen Revolution ebenso ab wie den absolutistischen Staat. In der dänischen Folkehojskole in Rodding, eben südlich der Grenze an der Königsau gelegen, bildet sich ein Zentrum dänisch-schleswigschen Denkens. Basis der Arbeit sind die Gedanken des dänischen Theologen und Pädagogen Nikolaj Frederik Severin Grundtvig, die die Perspektive einer allgemeinen und demokratischen Volksbildung enthalten.

Deutsche und dänische Polarisierungen

Die Niederlage Napoleons bedeutet für Dänemark, erhebliche politische und wirtschaftliche Nachteile hinnehmen zu müssen. Frederik VI. gibt 1816 einer Kommission den Auftrag, einen Verfassungsentwurf für Holstein auszuarbeiten. Die schleswig-holsteinische Ritterschaft möchte gerne eine Gesamtverfassung für beide Herzogtümer. Friedrich Christoph Dahlmann, Historiker an der Kieler Universität, arbeitet an einer gemeinsamen Verfassung, die eine Untrennbarkeit von Schleswig und Holstein als Hauptziel hat - mit einer Orientierung nach Preußen und Deutschland. Dieses nationale Ziel ist gleichzeitig auch ein liberales und wendet sich gegen den als überholt angesehenen Absolutismus. Die nationaldänische Bewegung, die, von Nordschleswig ausgehend, in den Kieler Professoren Christian Paulsen und Christian Flor Fürsprecher fand, setzt sich für ein Dänemark bis zur Eider ein.

Die schleswig-holsteinische Erhebung

Nachdem König Christian VIII. in einem „Offenen Brief" 1846 verkündete, daß die Erbfolge der Lex Regia auch für Schleswig gelten sollte, und am 22. März 1848 ein konservativ-liberales Ministerium nach eiderdänischen Vorstellungen berief, kam es am 23./24. März zur schleswig-holsteinischen Erhebung. Der Herzog wird als „unfrei" erklärt, und es bildet sich eine provisorische Regierung, mit dem Ziel, sich den Einheits- und Freiheitsbestrebungen Deutschlands anzuschließen. Diese provisorische Regierung wird bald in Berlin und Frankfurt anerkannt. Die Schleswig-Holsteinische Frage ist zu einem außenpolitischen Faktor deutscher Politik geworden. An dem nachfolgenden Krieg sind zunächst auch der Deutsche Bund und Preußen beteiligt. Nach militärischen und politischen Niederlagen der deutschen Seite wird im ersten Londoner Protokoll von Dänemark, Schweden, England und anderen außerdeutschen Mächten der Fortbestand des dänischen Gesamtstaates garantiert. Preußen weigert sich, das Protokoll zu unterschreiben. Nun stehen die Schleswig-Holsteiner den weit überlegenen dänischen Truppen alleine gegenüber und werden in der Schlacht bei Idstedt 1850 geschlagen. In den Londoner Protokollen von 1850 und 1852 wird der Prinz von Schleswig-Holstein-Glücksburg zum Thronfolger ernannt. Dänemark verpflichtet sich dazu, die Eigenständigkeit der Landesteile zu achten und keine Einverleibungspolitik zu betreiben. Nach 1853 erlebt Schleswig-Holstein einen wirtschaftlichen Aufschwung.

Im Zeichen der industriellen Revolution

Noch ist in Schleswig-Holstein die Landwirtschaft vorherrschend. Altona, Rendsburg, Kiel und Flensburg entwickeln sich zu bedeutenden Handelsstädten. Der Seehandel Flensburgs reicht bis nach Westindien. Im Dreiecksgeschäft mit Zuckerrohr, Rum und Sklaven kommt die Hafenstadt zu erheblichem Reichtum. Das in Zünften straff organisierte Handwerk floriert in den Städten. Industriebetriebe entstehen in Altona, Neumünster (Textilien) und Flensburg (Zucker, Rum). Bei Rendsburg wird die „Carlshütte" gegründet, und in Kiel entsteht die Eisengießerei von Scheffel und Howaldt, die Vorläuferin der späteren Howaldtswerft. Im Jahre 1884 werden die Städte Altona und Kiel durch die erste Eisenbahnlinie des Landes verbunden.

Deutsch-dänischer Krieg

Die dänisch-schleswigsche Verfassung, von König Christian IX. 1863 unterschrieben, gliedert das Herzogtum Schleswig voll in das dänische Königsreich ein und grenzt es von Holstein ab. Sie ist der Auslöser für eine erneute kriegerische Auseinandersetzung in Schleswig-Holstein. Nach einem verstrichenem Ultimatum von Preußen und Österreich erstürmen deutsche Truppen am 1.2.1864 die Düppeler Schanzen. Im Wiener Frieden muß Dänemark beide Herzogtümer an Preußen und Österreich abtreten. Reichsdänische Enklaven werden gegen die Insel Aerø sowie Gebiete um Skamlingsbanke und Ribe ausgetauscht; das dänische Lauenburg muß an Preußen verkauft werden. Nach dem preußisch-österreichischen Krieg 1866 wird Schleswig-Holstein vollständig zur preußischen Provinz.

Einverleibungsversuche

Die Preußische Regierung und Verwaltung versucht nun in den folgenden Jahren, das Land bis zur Königs-au zu germanisieren. Sie tut also das mit umgekehrtem Vorzeichen, was die Dänen nach 1850 auf ihre Weise unternommen hatten. Leider kann hier nicht gesagt werden, daß die preußischen Organe und ihre Ausführenden die nicht unerhebliche dänische Minderheit im Lande tolerant behandelte. Viele auch deutsch eingestellte Schleswig-Holsteiner empfinden das Vorgehen Bismarcks als rüde und ungeschickt. Die Umwandlung der gewachsenen und vielgestaltigen Herzogtümer in eine zentralistisch verwaltete preußische Provinz führt zu vielen Kämpfen und Auseinandersetzungen; viele Schleswig-Holsteiner emp-finden es als noch schlimmer, Preuße zu werden, als Däne zu sein. Umfassende, das Leben in der Provinz stark verändernde Maßnahmen werden zum großen Teil ohne Diskussion mit den Einheimischen und ohne Mitspracherecht einfach durchgeführt.

Theodor Storm ist davon auch betroffen. Er kehrt zunächst aus Heiligenstadt an der Leine voller Freude in „sein" Husum zurück. Durch das Vorgehen der Preußen wird er jedoch stark desillusioniert; er spricht von preußischen „Junkern". Der Traum von einem freien Schleswig-Holstein war nicht in Erfüllung gegangen. Storm nimmt die ihm angebotene Stelle als Landrat nicht an und begnügt sich mit dem erheblich schlech-ter dotierten Posten eines Amtsrichters. Er will kein politischer Beamter der Preußen sein.

Erst im Zuge der Reichsgründung 1871, nach dem deutsch-französischen Krieg und dem Erstarken eines deutsch-nationalstaatlichen Bewußtseins in der Bevölkerung wird die Situation allmählich angenommen. Das ist auch mit darin begründet, daß Schleswig-Holstein am wirtschaftlich-industriellen Aufschwung Deutschlands teilhaben kann. Enttäuschung und Kritik regt sich erst wieder, als insbesondere im Zusam-menhang mit der industriellen Revolution auftretende soziale Probleme nicht bewältigt werden können. Die Bevölkerungszahlen in den Städten nehmen rasch zu, und immer geringere Bevölkerungsanteile woh-nen auf dem Land (1867: 70 %, 1907: 29,6 %).

Abstimmung im Grenzgebiet

Nach dem Ende des Ersten Weltkrieges wird über das Schicksal Schleswigs in einer Abstimmung entschie-den, so wie es der Versailler Vertrag vom 18.6.1919 festgelegt hat. In der 1. Abstimmungszone nördlich von Flensburg wählten 25 000 deutsch, 75 000 dänisch. In Flensburg mit seinem südlichen und westlichen Umland wählen 13 000 Menschen dänisch und 52 000 deutsch. Damit wird die neue Grenze nördlich von Flensburg gezogen, und Schleswig-Holstein verliert 1/5 seiner Fläche. Besonders für Flensburg macht sich in den folgenden Jahren das Fehlen des nördlichen Hinterlandes in der Wirtschaft stark bemerkbar. Die deutsche Minderheit in Nordschleswig kann sich Dank der freiheitlichen Grundsätze der dänischen Verfas-sung gut organisieren; sie sendet einen Vertreter in den dänischen Folketing. Ebenso genießt die dänische Minderheit in Südschleswig Rechte für die Gründung kultureller und sozialer Einrichtungen.

Entfremdungen

Noch 1929 hatte sich Schleswig-Holstein auf der in Kiel veranstalteten „Nordisch-Deutschen Woche für Kunst und Wissenschaft" um Ausgleich und Vermittlung zwischen Deutschland und seinen nordischen Nachbarn bemüht. Durch die Naziherrschaft kommt es dann zu einer tiefen Entfremdung innerhalb der Grenzbevölkerung, verursacht durch den Konflikt zwischen Diktatur und freiheitlichem Rechtsstaat. Die alten Wunden des Grenzkampfes werden wieder aufgerissen, Forderungen danach, Nordschleswig „Heim ins Reich" zu holen, ertönen. Im Laufe des Zweiten Weltkrieges wird Schleswig-Holstein von den Kriegs-handlungen nur am Rande berührt, wenn auch das Stadtgebiet von Kiel durch Bombenangriffe der Ver-wüstung anheimfällt, ebenso die Altstadt von Lübeck.

Kriegsfolgen

Nach dem Krieg erlebt Schleswig-Holstein die Zuwanderung von ca. 1,2 Millionen ostdeutschen Flücht-lingen. Das ist für ein Land, das selbst nur 1,5 Millionen Einwohner hat, eine ungeheure Zahl. In Schleswig-Holstein wird eine britische Militärregierung eingesetzt. Am 12. Juni 1946 verabschiedet der neu konstitu-ierte Landtag die demokratisch-parlamentarische „Vorläufige Verfassung". Im gleichen Jahr entsteht durch die Auflösung des preußischen Staates aus der ehemaligen preußischen Provinz das Bundesland Schles-wig-Holstein. 1947 finden dann die ersten demokratischen Wahlen für Landtag und Landesregierung statt.

Deutsch-dänischer Kulturaustausch: ein Vorbild für Europa

Schleswig-Holstein nimmt seit 1945 seine natürliche und historisch gewachsene Brückenfunktion so gut wahr wie nie zuvor in seiner Geschichte. Dänen und Deutsche leben zusammen und nicht gegeneinander. Die Minderheiten zu beiden Seiten der Grenze sind zu gegenseitig geachteten Kulturträgern geworden. In der Fördestadt Flensburg wählen heute etwa 25 % der Bevölkerung die Partei der dänischen Minderheit SSV. In vielen Ortschaften diesseits und jenseits der Grenze gibt es dänische und deutsche Bildungseinrichtungen nebeneinander. Mehr und mehr werden Methoden und Inhalte ausgetauscht. Auch wenn das Mißtrauen der Dänen gegen den erdrückend-mächtigen Nachbarn hier und da sichtbar wird (und das nicht ganz zu Unrecht), gibt es im deutsch-dänischen Grenzland eine Menge vielversprechender Ansätze für europäisches Bewußtsein und eine Absage an Gleichschaltungsambitionen.

ENTSTEHUNG UND CHARAKTERISTISCHE BESCHAFFENHEITEN

Landschaftszonen

Schleswig-Holstein ist durchgängig von Norden nach Süden in drei ziemlich klar voneinander abgegrenzte Landschaftszonen geteilt: in die Marsch im Westen, die Geest in der Mitte und das Hügelland im Osten. Die Marsch besteht aus Fluß- und Seemarschgebieten mit den vorgelagerten Inseln und Halligen. Aus Altmoränen gebildet wird die sehr sandige Geest, ein hochgelegenes, trockenes und meist unfruchtbares Land im Küstengebiet. Das östliche Hügelland ist eine Jungmoränenlandschaft mit einem abwechslungsreichen Saum aus Küsten, Förden und Buchten. Die Vorgänge der letzten Eiszeit mit ihren Bewegungsspuren und Ablagerungen haben Geest und Hügelland geformt. Nur an wenigen Stellen des Landes tritt der präquartiäre Untergrund hervor, z.B. in der roten Sandsteininsel Helgoland, in dem Segeberger Gipsberg (fälschlich Kalkberg genannt) und im weißen und roten Kliff auf Sylt. Das östliche Hügelland ist im nördlichen Landesteil gekennzeichnet durch tief in das Land hineinragende Förden (Flensburger Förde, Eckernförder Bucht, Kieler Förde) und durch die sich bis nach Schleswig erstreckende Schmelzwasserrinne der Schlei. Durch diese Einschnitte bilden sich die Hügellandschaften Angeln, Schwansen und Dänischer Wohld. Der Süden des Hügellandes hingegen wird durch das von Endmoränen eingerahmte Lübecker Becken beherrscht. In dieser Moränenlandschaft liegt auch die höchste Erhebung des Landes, der Bungsberg, mit 186 m. Außerdem finden wir hier die holsteinische Seenplatte. In dem Auf und Ab der Moränen bilden große und kleine Gewässer mit dem Großen und Kleinen Plöner See als Zentrum eine abwechslungsreiche, optisch attraktive Region, die nicht von ungefähr den Namen „Holsteinische Schweiz" erhalten hat. Nördlich der relativ hochgelegenen Marschenhalbinsel Eiderstedt beginnt die Nordfriesische Inselwelt mit ihren Geestinseln Sylt, Föhr und Amrum, mit den Marscheninseln Nordstrand und Pellworm und den nicht eingedeichten Halligen, die ihre Gestalt durch die Kräfte von Ebbe und Flut ständig ändern.

Klima

Durch seine Lage zwischen Nord- und Ostsee herrscht in Schleswig-Holstein ein Klima mit stark ozeanischer Tendenz. Fast immer ist im Lande Wind zu spüren, meistens Westwind. Es gibt ja auch kaum Bodenerhebungen in der Größenordnung, die Windströmungen beeinflussen könnten. Die milden Winter werden nur selten durch langandauernde Kälte- und Schneeperioden unterbrochen. Heute kommt es vor, daß den ganzen Winter über kein Schnee fällt oder die Förden (schmale Meeresbuchten) nur selten richtig zufrieren.

Heckenlandschaften

Schleswig-Holstein gehört zu den waldarmen Bundesländern. Nur der Sachsenwald im Südosten des Landes bildet eine relativ große zusammenhängende Waldfläche. In weiten Teilen des östlichen Hügellandes sind die Knicklandschaften (Heckenlandschaften) typisch. Knicks nennt man vorwiegend mit Buschwerk (Haselsträucher, Weiß- und Rotdorn) und vereinzelt mit Bäumen bewachsene Erdwälle, die einzelne Felder und Wiesen voneinander abgrenzen. Die Vielfalt der Vogelarten in den Knicklandschaften wird jeden ornithologisch Interessierten begeistern. Für Vögel sind die Knicks ein idealer Lebensraum. Amsel, Goldammer und Dorngrasmücke sind häufig vertreten, und ihre Lieder mischen sich in den Frühlings- und Sommermonaten zu einem unverwechselbaren Klang, der das akustische Bild der Knicklandschaft bestimmt.

Die Geest

In den unfruchtbaren Geestlandschaften, der „Mitte" des Landes, standen früher ausgedehnte Buchen- und Eichenwälder, aber es gab - besonders in der Sandergeest - auch Moor- und Heidelandschaften. Sie sind bis auf geringe Reste heute verschwunden. Die Moore wurden trockengelegt, die Heidelandschaften in Äcker verwandelt, die durch ihren hohen Sandanteil nur geringe Erträge liefern. Kartoffeln sind hier häufig auf den Feldern zu sehen. Wegen der geringen Rentabilität werden heute viele Ackerflächen aufgegeben und zur Aufforstung verwendet.

Moore

Die vielen Moore entstanden durch den Anstieg des Grundwasserspiegels nach der letzten Eiszeit. Er begünstigte den Wuchs von Torfmoosen, und diese wiederum überwucherten schnell die ursprüngliche Vegetation. Manchmal, wenn sehr viel Feuchtigkeit im Boden war, entstanden Seen, Schilfsümpfe und Bruchwälder. An Eider und Treene kam es vor, daß die Moore zeitweise vom Meer überflutet wurden, so daß sich dort Schlickschichten ablagern konnten.

Nordfriesland

In Nordfriesland erfolgten erst um 300 v. Chr. die ersten größeren Wassereinbrüche. Hochgelegene Alt- moränen (Gletschergeröll), die weit in das Meer hinausreichten, begünstigten die Bildung von Anhöhen mit dahinterliegenden vermoorten Senken. Daraus entstanden später die nordfriesischen Inseln, mit Ausnahme von Pellworm, die zu den Jungmarschgebieten zählt.

Die aus Holland kommenden Volksstämme der Friesen haben im frühen Mittelalter Nordfriesland besiedelt und kultiviert. Seit 1424 ist der Begriff „Nordfriesen" gebräuchlich. Nordfriesland wurde im Mittelalter mehrfach von großen Sturmfluten heimgesucht, die weite Teile des vorgelagerten Geest- und Marschlan- des vernichteten. In der großen „Mandränke" von 1362 gingen erhebliche Teile der Uthlande verloren, hunderte von Ortschaften versanken für immer in den Fluten. Darunter war auch das sagenhafte Rung- holt, das in zahlreichen Liedern und Geschichten besungen und beschrieben wird. Die heutige Hafenstadt Husum lag damals noch weit im Binnenland. Bredstedt und Leck waren nach den großen Sturmfluten auch Seestädte, bekamen aber im Laufe der Landgewinnungs- und Eindeichungsmaßnahmen wieder Bin- nencharakter. In der Buchardiflut von 1632 zerbrachen die Deiche der großen Insel Nordstrand an 44 Stel- len. 6400 Menschen kamen um, über 50 000 Stück Vieh zog der „Blanke Hans" hinab, 19 Dörfer gingen mit Mann und Maus unter. Heute sehen wir im Wattenmeer die Reste von Alt-Nordstrand in Pellworm, Nord- strand und der Hallig Nordstrandischmoor. Seither gibt es zwar immer wieder Sturmflutgefährdungen, aber für Jahrhunderte ist die Landschaft Nordfrieslands eher von Landbewahrung und -gewinnung als von Landverlust gezeichnet gewesen. Die Deiche gelten als sicher, das Vorland ist ausreichend, es gibt aus- geklügelte Entwässerungs- und Wasserregulierungssysteme.

Das Wattenmeer

Das Wattenmeer Schleswig-Holsteins ist eine einzigartige Naturlandschaft, ja eigentlich die einzige noch erhaltene Naturlandschaft des Landes. Ebbe und Flut bedingen Bewegung und ständige Veränderung. Zweimal am Tag fluten riesige Wassermengen hin und her. Sie fließen in Prielen und bewegen Massen von Sand und Schlick hin und her. Der fruchtbare Schlick lagert sich in den Feuchtwiesen der Halligen und des Vorlandes ab und schafft nach und nach neues Kulturland. Vom Wattenmeer zur Marsch ändern sich die Vegetationsbedingungen mit der Dauer der Überflutung. Zunächst wachsen nur Salzgras und Queller, bis dann die Salzwiesenflora entsteht, die den Beginn einer dauerhaften Verlandung ankündigt.

Die Halligen im nordfriesischen Wattenmeer sind Inseln ohne Deiche. Sie sind teilweise Reste alter, viel größerer Halligen oder im Laufe der Zeit durch Umverteilung von Sand- und Schlickmassen neu entstande- ne Anlandungen. Halligen bewegen sich ständig, verlieren auf der einen Seite an Substanz durch die Bran- dung des Meeres, gewinnen aber auf der anderen Seite durch Anlandungen. Vergleicht man Karten von Halligen miteinander, so sieht man, daß sie innerhalb kurzer Zeit ihr Erscheinungsbild stark verändern.

An den Abbruchkanten findet man im Watt häufig Kulturspuren des untergegangenen ehemaligen Fest- landes wie Brunnenringe, Gräben, Hausfundamente und sogar Pflugspuren. Sie wurden durch die sie überlagernden Schlickmassen jahrhundertelang bewahrt. Sylt, Föhr und Amrum sind Geestinseln, die sich auf Altmoränenkernen gebildet haben.

Amrum - Beispiel für eine nordfriesische Insel

Da die Dünenlandschaft sich in Amrum bis heute in ständiger Bewegung befindet, kommt es vor, daß Kulturspuren aus vorgeschichtlicher Zeit freigeweht werden und für eine gewisse Zeit - bis sich neuer Dünensand darüber auftürmt - Zeugnis von den früheren Bewohnern der Insel ablegen. Die ältesten Siedlungsspuren gehen bis in die Zeit um 3000 bis 2000 v. Chr. zurück. Insgesamt 15 Großsteingrabkammern wurden auf Amrum nachgewiesen. Man hat an anderen Stellen der Insel auch gepflasterte Herdstellen, Verfärbungen im Boden, die auf Holzpfosten hindeuten und zahlreiche Tongefäßscherben gefunden, ebenso Plätze, die auf Herstellung von Steinwerkzeugen hindeuten.

In der Bronzezeit war Amrum sehr dicht besiedelt. Aus dieser Epoche sind nahezu 140 Grabhügel nachzuweisen. Als Beigaben wurden neben einheimischen Werkstücken auch Importwaren wie Schwertklingen und Schmuckstücke verwendet. In der Ortschaft Nebel in der Mitte der Insel finden wir einen bedeutenden Seefahrerfriedhof. Zwischen 1600 und 1780 war der Walfang die wirtschaftliche Grundlage der Insel. Viele Hinweise, Geschichten und Bilder kann man auf den oft reich ausgeschmückten Grabsteinen nachvollziehen. Das Vogelschutzgebiet Amrum-Odde hat Möwen, Eiderenten, Seeschwalben, Seeregenpfeifer und Austernfischer, die hier ihr abgeschlossenes, vom Menschen kaum gefährdetes Lebensareal haben. Besucher können an Führungen teilnehmen.

Amrum ist zugleich urwüchsig und abwechslungsreich und hat den Gästen, die in erster Linie Ruhe und Naturerlebnisse suchen, viel zu bieten. Zerstreuungsmöglichkeiten wie auf Sylt, Bars, Diskotheken, Spielkasinos wird man jedoch kaum finden. Stattdessen lohnt sich ein Spaziergang nach Steenodde zu den Krabbenkuttern, wo man die gerade gefangenen und frisch gekochten, schmackhaften Nordseekrabben direkt von Bord kaufen kann.

ENTLANG DER OSTSEEKÜSTE

Die Ostseeküste Schleswig-Holsteins ist geprägt von tiefen Meereseinschnitten, den Förden, und weiten Buchten. Während an der Nordseeküste eine ganze Reihe von unterschiedlichsten Inseln zu finden sind, ist der Ostseeküste nur die große Insel Fehmarn vorgelagert - kaum entfernt vom Festland und mit ihm durch eine Brücke verbunden. Strände gibt es entlang des gesamten Küstenstreifens, und zwar in unterschiedlichen Ausprägungen. Die breiten Sandstrände mit ihren Dünen sind der Nordseeküste vorbehalten. Das östliche Gegenüber ist eher geprägt von Steilküsten und kleinen Dünenlandschaften. Reine Sandstrände sind eher selten, und sie müssen ständig gesäubert werden, um im Sommer für die Touristen attraktiv zu sein. Oft sind sie hingegen durchsetzt von Wiesen- und Geröllstreifen, die in ihrer Urwüchsigkeit einen ganz eigenen ästhetischen Reiz haben und viele anziehen, die gern auf den Spuren der Eiszeiten wandern wollen, um vielleicht Donnerkeile und versteinerte Seeigel zu finden.

Der Wind an der Ostseeküste ist meist milde, selten bläst er im Sommer den Strandgästen ins Gesicht. Steife Ostwinde kommen vorwiegend im Winter vor, lassen das Wasser die Steilküsten annagen und die Hafenstraßen der an Bucht und Förde gelegenen Städte überfluten.

Flensburger Förde

Fast 40 Kilometer lang reicht die Flensburger Förde in das Land hinein. Sie endet mit dem Flensburger Hafen. Der kleinere Teil dieser Wasserstraße ist die schmalere Innenförde. Die Außenförde wird breiter und breiter und öffnet sich in einem zerklüfteten Trichter zur Ostsee hin. Strände und Steilküsten wechseln sich ab; sehr reizvoll ist der Blick auf das sonnenbeschienene dänische Nordufer der Förde. In das östliche Hügelland eingebettet, findet man ein Auf und Ab von bunten Feldern, die manchmal von kleinen Waldinseln unterbrochen werden.

Sehr empfohlen werden kann eine Fördefahrt von Flensburg aus, besonders mit dem Museumsdampfer „Alexandra", dem letzten seegehenden Passagierdampfer Deutschlands.

Angeln und die Schlei

Die sehr ansprechende Landschaft Angeln, von Einzelgehöften und malerischen Dörfern durchsetzt, liegt zwischen der Flensburger Förde und der Schlei. Sanfte Hügel zeigen abwechselnd Felder - im Frühjahr weithin im Rapsgelb leuchtend - und Weiden. Bekannt für diese Region sind das rotbraune Anglerrind und das schwarzweiß gefleckte Angeliter Sattelschwein. In der Steinzeit war Angeln, wie uns archäologische Funde zeigen, dicht besiedelt. Im Jahre 449 brachen die Angeln, Sachsen und Dänen auf nach Britannien. In den Dörfern Angelns finden wir viele bemerkenswerte spätromanische Feldsteinkirchen. In Sörup beispielsweise steht ein sehr gut erhaltener Granitquaderbau aus dem 12. Jahrhundert.
Die Schlei als subglaziale Schmelzwasserrinne hat eine Länge von 45 km und bildet das Südufer Angelns. In ihrem Verlauf finden wir mehrere seenartige Ausbuchtungen. An den schmalsten Stellen ist sie nicht breiter als 400 m. In Kappeln gibt es einen kleinen Hafen, den bei einer Tiefe von 15 Metern auch größere Schiffe anlaufen können. Die Stadt ist Zentrum des Tourismus im Angeliter Umland. Nahe der am Westende befindlichen Stadt Schleswig lag die bedeutende Handelssiedlung Haithabu, die einmal einer der größten Umschlagplätze Nordeuropas war.

Schwansen und die Eckernförder Bucht

Schwansen ist das Land der Herrenhäuser und großen Güter. Diese Struktur entstand im 16. Jahrhundert, nachdem holsteinische Adelige in das Land eingewandert waren. Auch nach Abschaffung der Leibeigenschaft im 19. Jahrhundert blieben viele kleine Bauernstellen in Abhängigkeit zu den Gutshöfen. Die schweren Lehmböden der Region sind besonders fruchtbar und garantieren hohe Erträge. An die Südseite der Eckernförder Bucht schließt sich der Dänische Wohld an, der eine Halbinsel bis zur Kieler Bucht hin bildet. Im 11. Jahrhundert wurde diese Landschaft als dicht bewaldet beschrieben. Auch hier finden wir viel Großgrundbesitz, ausgedehnte, von Knicks (Wallhecken) durchzogene Felder, auf denen überwiegend Getreide angebaut wird.

Kieler Förde

An der Ufern dieser Meeresenge finden wir eine Reihe von bekannten Badeorten wie Strande, Schilksee, Laboe und Heikendorf. Durch die Enge von Friedrichsort wird die Unterteilung in Innen- und Außenförde festgelegt. Weithin sichtbar ist das Marine-Ehrenmal von Laboe. Es wurde zwischen 1927 und 1936 nach Entwürfen des Architekten Munzer errichtet. In der Innenförde bei Kiel-Holtenau weihte 1895 Kaiser Wilhelm II den einst nach ihm benannten und heutigen Nord-Ostsee-Kanal ein, der bei Brunsbüttel in die Nordsee mündet.

Hohwachter Bucht

Dieser Teil der Kieler Bucht wird durch eine hohe Steilküste beherrscht, von der aus man einen weiten Blick nach Fehmarn und zu den dänischen Inseln hat. Der Badeort Hohwacht war ursprünglich eine Fischersiedlung, die zwar nach Plänen des Königs Christian IV. zu einer Hafenstadt werden sollte, es aber dann doch vorzog, ein eher verträumtes Strandbad zu sein.

Fehmarn und die Vogelfluglinie

Der Name „Vogelfluglinie" zeigt, daß hier die Zugvögel aus Skandinavien und Nordrußland in großen Scharen auftreten. Übertragen werden kann dieser Name auf die hier heute angelegte Verkehrsader von Lissabon über Bern, Frankfurt am Main, Hamburg, Lübeck bis nach Kopenhagen, Stockholm und Helsinki. Fehmarn, früher eine eher abgelegene Insel, ist heute Träger wichtiger Verkehrsverbindungen zwischen Mittel- und Nordeuropa. Durch diese Disposition hat sich auch die Zahl der Urlauber auf der Insel stark erhöht. Wahrzeichen der Vogelfluglinie ist die 1963 gebaute Fehmarnsundbrücke mit einer schon von weitem sichtbaren elegant geschwungenen Bogenkonstruktion.

Lübecker Bucht

Die an der Nordostseite der Lübecker Bucht aneinandergereihten Bäder von Travemünde bis Kellenhusen zeigen an, daß wir es hier mit schönen Stränden, einem guten Hinterland und langer Bädertradition zu tun haben. In Niendorf beispielsweise begann der Badebetrieb schon 1855 mit dem Bau eines Badegäste-Logierhauses. In Timmendorfer Strand finden wir das bekannte Curschmann-Institut mit einem Sanatori-um für Herz- und Kreislaufkranke, einen großen Kurpark und ein Kurmittelhaus mit einem Aquarium. Die Seebäderkette an der Lübecker Bucht bietet für jeden etwas und erlaubt, wenn man sich von Ort zu Ort bewegt, viel Abwechslung.

SIEDLUNGEN UND STÄDTEBILDUNGEN IN SCHLESWIG-HOLSTEIN

Die Siedlung Haithabu an der Schlei in der Nähe vom heutigen Schleswig wurde im 7. Jahrhundert gegrün-det. Der Name bedeutet „Heidewohnstätte". Seine Entstehung verdankte der Ort dem Handel zwischen Skandinavien und dem fränkischen Raum. Schiffe konnten bis Hollingstedt die Treene befahren. Der Rest des Weges wurde auf Wagen zurückgelegt. Da Schleswig-Holstein nie zum römischen Einflußgebiet gehörte, ist Haithabu offenbar bis zum 12. Jahrhundert die einzige größere Ansiedlung geblieben.
Die Stadtentwicklung in Schleswig-Holstein verlief vereinfacht gesehen in vier Phasen. Zur Zeit der Ostkolo-nisation (12.-14. Jahrhundert) entstanden im „Schachbrettgrundriß" angelegte Orte vor allem im Osthol-steinischen und in den Flußmarschen, die hauptsächlich von Holländern besiedelt wurden. An der Ost-seeküste bildeten sich, meist in geschützten Stellen an Buchten oder Förden gelegen, Hafenstädte: Lübeck, Kiel, Flensburg, Eckernförde. In der zweiten Phase entstanden nur wenige neue Orte, zumeist an der Westküste. Sie waren oft als Festungen angelegt, mit regelmäßigem Grundriß. Friedrichstadt (1621) gehört zu diesen Gründungen. Nach der preußischen Übernahme des Landes kam es zur dritten Phase von Städtegründungen. Diese Städte entstanden aus Dörfern die durch die wirtschaftliche Entwicklung bedingt bevölkerungsmäßig stark anwuchsen (z.B. Neumünster, 1870). Die letzte Phase von Städtegründ-ungen erlebte das Land nach dem 2. Weltkrieg, in den 70er Jahren, im Zuge der Ausweitung des Großrau-mes Hamburg (Norderstedt und Kaltenkirchen). Die kleineren Städte besaßen ursprünglich die Funktion, Zentren für den Austausch unterschiedlicher Produktionsräume zu sein. So befinden sie sich oft an den Schnittstellen zwischen Marsch und Geest, Geest und östlichem Hügelland.
Die großen Städte Kiel, Lübeck und Flensburg waren mit internationalen Handelsströmen verflochten. Bei Lübeck ging es um die führende Stellung innerhalb der Hanse und die Anbindung an den skandinavisch-baltischen Handelsraum. Der Flensburger Hafen hatte lange Zeit eine ähnliche Bedeutung wie Kopen-hagen. Kiel war zwar vom späten 13. Jahrhundert bis 1581 Hansestadt, lag aber zu sehr abseits von den Hauptverkehrslinien, um besonderes Gewicht zu erlangen. In den Mittelpunkt rückte die Stadt erst, als Preußen seinen Hauptflottenstützpunkt von Danzig nach Kiel verlegte. 1867 wurde Lübeck Kriegshafen des Norddeutschen Bundes, 1871 deutscher Reichskriegshafen.

Lübeck und die Hanse

Graf Adolf II. von Holstein gründete im Jahre 1143 Lübeck als Handelssiedlung nahe dem wendischen Liu-bice, das 1138 zerstört wurde. Heinrich der Löwe zwang ihn zur Übergabe der Stadt und gründete sie 1158/59 neu. Nach dem Sturz Heinrich des Löwen wurde die Stadt nicht holsteinisch, sondern bekam den reichsunmittelbaren Status. Der Reichsadler im lübschen Wappen dokumentiert das noch heute.
Lübeck hat als „Königin der Hanse" immer eine Sonderrolle in Schleswig-Holstein geführt. Bis 1937 blieb Lübeck selbständig, wenn man von der napoleonischen Besetzung 1811-1813 absieht. Diese politische Unabhängigkeit und die außerordentlich verkehrsgünstige Lage machte Lübeck für lange Zeit zum Mittel-punkt des wirtschaftlichen Austausches zwischen Mitteleuropa und den Ländern des Ostseeraumes. Roh-stoffe aus Norden und Westen wurden gegen das Lüneburger Salz und gegen Waren aus Westen und Süden eingetauscht. Wisby auf Gotland und Nowgorod am Ilmensee waren lange Zeit die wichtigsten Han-delsorte für Lübeck. "Hanse" bedeutet „Schar"; das Wort kommt aus dem Gotischen. Unter der Führung Lübecks bildete sich zunächst ein loser Zusammenschluß westfälischer, sächsischer, pommerscher und preußischer Städte. 1356 schlossen sich dann alle diese Städte auch formal zum Hansebund zusammen. Die erste bedeutende politische Auseinandersetzung erlebte die Hanse, nachdem der dänische König

Waldemar Atterdag 1361 das für die Hanse wesentliche Gotland besetzte und die Privilegien der Hanse beschnitt. Die mit Schweden, Mecklenburg und Holstein verbündeten Hansestädte eroberten daraufhin Kopenhagen. Dänemark garantierte im Frieden von Stralsund die hanseschen Handelsvorrechte. Auf den Versuch das dänischen Königs Erik VII., sein Land durch Kooperation mit englischer und holländischer Kaufmannschaft aus der Klammer der Hanse zu befreien, reagierte der Städtebund mit einer Wirtschaftsblokkade, die Erik 1435 im Frieden von Vordingborg zum Einlenken zwang. 1441 jedoch mußte die Hanse den Holländern Teile ihres Marktes im Ostseeraum abtreten. Die Schließung des Hansekontors in Nowgorod durch Iwan III. beeinträchtigte wesentliche Grundlagen des Hansebündnisses. Durch die Orientierung des Welthandels nach Übersee ging die Bedeutung der Hanse weiter zurück. 1604 gab es nur noch 14 aktive Hansestädte. Durch die ökonomische und politischen Verheerungen des Dreißigjährigen Krieges kam es zu weiteren Einbrüchen, und schließlich blieben nur noch Lübeck, Hamburg und Bremen übrig, die die hanseatische Tradition fortsetzten. 1669 wurde der letzte Hansetag abgehalten.

Die Hansestützpunkte waren genossenschaftlich verfaßte, von den entsprechenden Städten privilegierte Kontore, die den hanseatischen Handel koordinierten. Diese Kontore besaßen eigene Vorstände ebenso wie eine eigenständige Finanz- und Gerichtsverwaltung. Der geräumige Schiffstyp der Hansekogge hatte für die Hanse besondere Bedeutung. Sie transportierte Getreide aus Ostdeutschland, Polen und dem Baltikum, Fisch aus Skandinavien, Salz aus Lüneburg, Wein aus Süddeutschland und Frankreich. Durch die Hanse setzte sich im Ostseeraum das Mittelniederdeutsch als Verkehrssprache durch, was durch zahlreiche Lehnwörter aus dieser Sprache im Schwedischen und anderen skandinavischen Sprachen belegt werden kann. Architektonischer Ausdruck der Hansezeit ist die hanseatische Stadtkultur mit der backsteingotischen Bauweise.

Das lübesche Recht

Das der Stadt Lübeck verliehene Soester Recht wurde zum Lübeschen Recht entwickelt und an über 100 Städte verliehen. Diese Städte waren die wichtigsten Partner Lübecks im Norden und Osten Europas. Die wesentlichen Gedanken des lübeschen Rechts waren folgende:
- Jedermann hat freie Verfügung, das erworbene Eigentum zu verpfänden, zu verkaufen und zu verschenken, und zwar an wen er will.
- Dreimal im Jahr ist eine ordentliche Versammlung. Dazu soll jeder, der einen eigenen Herd hat, erscheinen.
- Auf diese Versammlung soll nur über drei Dinge entschieden werden: über Erbschaften, Grundeigentum und Bedürfnisse der Stadt.
- Die Bürger sind im Kriegsfall nicht verpflichtet, ins Feld zu ziehen, sondern sie sollen bei der Verteidigung ihrer Stadt helfen.

Weitere Paragraphen sind Vorläufer unseres heute gültigen Bürgerlichen Gesetzbuches, des Strafgesetzbuches und der sich daraus ergebenden Prozeßordnungen. Sie betreffen Kapitalverbrechen, Diebstahl, Gebrauch von falschen Maßen und Gewichten, Verleumdung und Ehebruch und Regeln für Zeugenaussagen. Daß die Stadt Lübeck schon so frühzeitig die Normen und Gesetze eines städtischen Gemeinwesens schriftlich festhielt, brachte entscheidende Vorteile im Handel mit anderen Regionen. Die Verhältnisse im lübeschen Stadtstaat wurden schnell als zuverlässig und vor allem als kalkulierbar anerkannt.

Die Stadt Lübeck als Kulturdenkmal

Die Stadt Lübeck läßt auch heute noch viel von der einstigen Geschlossenheit und Qualität der Gestaltung erahnen, auch wenn ein Bombenangriff am 26. März 1942 große Verheerungen anrichtete, ein Drittel der Altstadt völlig zerstörte und ein weiteres Drittel schwer beschädigte. Davon waren ausgerechnet die schönsten und städtebaulich bedeutendsten Bereiche der Stadt betroffen. Nach 1945 gab es in Lübeck eine Reihe von ungeschickten Sanierungsmaßnahmen, die die Situation nicht gerade verbesserten. Andererseits ist auch vieles mit Mühe und Sachverstand bewahrt oder wiedererrichtet worden. Heute gilt Lübeck als Weltkulturdenkmal von besonderer Bedeutung.

Die alten Straßennamen sind geblieben. Fischergrube, Engelsgrube, Marlesgrube und Dankwartsgrube laden zu einem Spaziergang in die Geschichte der alten Hansestadt ein.

WIRTSCHAFT

Landwirtschaft und Fischfang

Etwa 70 % des Landes dienen der Landwirtschaft. Davon sind ungefähr 50 % Äcker. Da die Marschen sehr tief liegen und einen hohen Feuchtigkeitsanteil haben, finden wir dort viele Weiden und Wiesen („Dauergrünland"), ebenso in Teilen der Geest. Im östlichen Hügelland dominiert der Anteil der Ackerflächen. Allerdings nimmt der Anteil derjenigen, die in der Landwirtschaft arbeiten, stark ab. Das erklärt sich aus der zunehmenden hochtechnisierten Bewirtschaftung und aus der Zusammenlegung kleinerer landwirtschaftlicher Einheiten zu „Agrarfabriken". Es gibt zwar etliche biologisch-dynamisch Bewirtschaftung und aus der Zusammenlegung kleinerer landwirtschaftlicher Einheiten zu „Agrarfabriken". Es gibt zwar etliche biologisch-dynamisch bewirtschaftete Höfe, prozentual gesehen, ist ihr Anteil aber noch gering. Marsch und Geest gleichen sich in der Nutzung mehr und mehr an; früher war die Marsch das klassische Aufzuchtgebiet, während in der Geest Mast betrieben wurde. Nach dem Ersten Weltkrieg legte man in Dithmarschen Kohlplantagen an, die heute erhebliche Größenordnung angenommen haben.

In der Kremper- und Wilstermarsch finden wir außer der Grünlandwirtschaft Obstanbau und Blumenzucht. Etwa 800 Menschen sind heute in der Fischerei tätig. Insgesamt ist die Bedeutung der Fischerei seit der Einstellung der Hochseefischerei im Jahre 1971 stark zurückgegangen und beschränkt sich auf Küstenfischfang. Vorherrschend sind Kutter- und Kleintierfischerei und die Heringsfischerei. In der Nordsee und im Wattenmeer werden Heringe und Kabeljau gefangen, aber auch Muscheln und Krabben. In den Häfen von Husum, Tönning und Büsum bestimmen die typischen Geschirre und Masten der Kutter das Bild und geben malerische Kulissen für die Besucher ab. Viele kleine Fischereihäfen an der Ostsee richten ihre Aufmerksamkeit auf Ostseedorsch, Hering, Lachs und Butt. Zunehmende Bedeutung erlangt die Teichwirtschaft des Binnenlandes, besonders in Ostholstein.

Industrie

An Industrie ist Schleswig-Holstein arm. Im Westen Holsteins gibt es Erdölvorkommen, die schon kurz nach dem Ersten Weltkrieg zum Bau einer Raffinerie in Hemmingstedt führten. Heute wird dort auch Erdöl aus anderen Regionen verarbeitet. Bohrtürme in der Nordsee vor der schleswig-holsteinischen Küste zeigen, wo neue Erdölfelder erschlossen werden. Die Sande der Geest werden für Bauzwecke aufbereitet, und in Lägerdorf bei Itzehoe gewinnt man die nur wenige Meter tief angelegten Kreidevorkommen im Tagebau. In der Nähe hat sich eine Zementindustrie entwickelt. Betriebe, die auf Nahrungs- und Genußmittel spezialisiert sind, finden wir in den Räumen Flensburg und Lübeck. Dazu gehört das Flensburger Bier ebenso wie die Schwartauer Marmelade mit der Lübecker Stadtsilhouette im Markenzeichen.

Textilindustrie ist nach wie vor auf den Raum Neumünster konzentriert. Bedeutend, wenn auch stark zurückgegangen, ist der Schiffbau in Kiel, Flensburg, Lübeck und vielen kleineren Werftbetrieben im Küstenbereich. Insgesamt steht das rohstoff- und energiearme Schleswig-Holstein gegenüber anderen Bundesländern zurück, besonders gegenüber dem Nachbar Hamburg, der durch die exponierte Lage des Welthafens, durch günstige Verkehrsverbindungen und die große Zahl der in der Stadt und in ihrem Umland lebenden Menschen ganz andere Voraussetzungen hat. Hamburg strahlt allerdings auf das Hamburger Umland aus (z.B. auf Norderstedt), so daß sich dort viele mittlere und kleine Betriebe niedergelassen haben, die die Anbindung nach Hamburg benötigen. Erschwerend kommt hinzu, daß Schleswig-Holstein nach der Vereinigung zunehmend in eine Randlage in Deutschland gerät. Auch der rege frequentierte Nord-Ostsee-Kanal und der Elbe-Lübeck-Kanal, der Lübeck an das deutsche Binnenwasserstraßennetz anschließt, können diese Randlage nicht wettmachen.

In Brunsbüttel, wo Elbmündung und Nord-Ostseekanal dicht nebeneinander liegen, gibt es eine vom Land geförderte petrochemische Industrie, die allerdings - ebenso wie das häufig Störungen unterliegende Atomkraftwerk - zu Umweltbeeinträchtigungen führt. Nicht unproblematisch sind auch die anderen Atomkraftwerke Krümmel an der Elbe und Brockdorf an der Elbmündung. Wegen Störungen werden sie häufig abgeschaltet, und Gerüchte über gesundheitliche Beeinträchtigungen, die von ihnen ausgehen, wollen nicht verstummen. Zunehmende Bedeutung bekommt die Windenergie, besonders im Landesteil Schleswig. Da besonders an der Westküste eigentlich immer Wind herrscht, sind auch günstige Bedingungen gegeben. Die Dänen erproben schon seit den 70er Jahren in großem Maßstab die Windenergietechnik. Sie sind mittlerweile führend im Windkraftwerkbau. Davon profitiert nun Schleswig-Holstein. Weiterhin zu nennen sind unter den Industriebetrieben zwei Zuckerfabriken, einige Großschlachtereien, Mühlen- und Silobetriebe sowie milchverarbeitende Unternehmen.

Fremdenverkehr

Mehr und mehr Bedeutung bekommt der Fremdenverkehr in Schleswig-Holstein. Für diesen Gewerbezweig ist es eher günstig, daß die Besiedlung im Lande verhältnismäßig dünn ist und daß die meisten Regionen von unmaßstäblichen und umweltbeeinträchtigenden Industriebetrieben verschont blieben.

Zunächst gab es - einsetzend zu Beginn des 19. Jahrhunderts - nur Fremdenverkehr an der Nord- und Ostseeküste. Später kam dann die Holsteinische Schweiz hinzu, und die Heilbäder Bad Schwartau, Bad Bramstedt, Malente und Mölln sorgten für regen Kurbetrieb. Große Ferienkomplexe mit zahlreichen Freizeiteinrichtungen wie z.B. Damp 2000 an der Eckernförder Bucht kamen in den 70er und 80er Jahren dieses Jahrhunderts dazu; sie führten zu für das Gewerbe günstigen Saisonverlängerungen.

Es gibt insgesamt 17 Nordseebäder, wovon Büsum, Sankt Peter-Ording, Westerland auf Sylt und Wyk auf Föhr die bedeutendsten sind. An der Ostsee hat Travemünde eine lange Tradition, es wurde bereits 1802 gegründet. Die vielen weiteren Badeorte an der Lübecker Bucht sind beliebte Feriendomizile, auch wenn durch die Öffnung der Grenze nach Mecklenburg-Vorpommern dort Konkurrenzen geschaffen wurden. Viele Menschen aus den Ballungsgebieten Deutschlands lieben die Eigenart Schleswig-Holsteins, seine vielen Naturschönheiten, Kulturdenkmale und guten Umweltbedingungen. Sie kommen immer wieder, und viele von ihnen haben ihr festes Feriendomizil, oft auf einem Bauernhof, abseits von Feriendörfern und Bettenburgen.

SCHLESWIG-HOLSTEIN

Schleswig-Holstein is the northernmost of the German Federal States and borders with Denmark. It has a population of approximately 2.6 million. The hyphenated name is a result of two former Duchies being joined together over the centuries to form one state. Many already know that Schleswig and parts of Holstein used to be part of the Kingdom of Denmark, and that at one stage Denmark started at Altona, just outside the gates of Hamburg. We will deal with the Germano-Danish past in more detail later. Quite a few readers will remember the North Frisian Islands and their Shallows from their holidays, whereas others will have been in the Lake District of the Holsteinische Schweiz. A trip on the Kiel Canal which cuts across the middle of the State is an unforgettable experience. Here one can see gigantic cargo ships passing alongside old steamships, such as the Flensburg based Alexandra, Germany's last seagoing passenger steamer. We will see that this small state north of the River Elbe has many points of historical and natural interest. Here we not only find pleasant holiday homes, but a good place to live, a place to settle down away from the hectic of the city. Whoever is prepared to settle for less than top salaries and does not mind not having a world-class concert every week is rewarded with almost intact natural surroundings.

Country and People

The people of Schleswig-Holstein have the reputation of being rather stiff and taciturn, and only in exceptional cases have a hang to humour and high spirits. Anyone who has spent any length of time in this region knows that this is just not true and that there is an abundance of the typical low-key sense of humour. Whoever takes the trouble to learn the Low German dialect will find that the language contains subtleties not to be found in High German. After many years where "Plattdeutsch", as the dialect is known, was drifting into oblivion, the people of Schleswig-Holstein are beginning to rediscover their language. Plattdeutsch is being taught in many schools, the annual Plattdeutsch Reading Competition is becoming more and more popular and Plattdeutsch theatres are having a heydey. The Frisian language, still very much alive, is spoken in a multitude of variations all over North Frisia. The cultivation of this west-germanic language is supported by chairs at universities and polytechnics as well as by the Nordfriisk Instituut in Bredstedt. A further minority language in the region is Danish, spoken by about 50,000 people in the Schleswig part of the country. In many towns and villages in South Schleswig there are 62 Danish kindergartens and 53 Danish schools.

Schleswig-Holstein is still markedly agricultural. The population in the cities remains constant or, as in the case of Flensburg, has slightly diminished. The exception is in the areas bordering Hamburg. As this major city continues to expand northwards it has established "branches" such as Norderstedt, Glinde and Reinbek. The old village structures are disappearing and it is becoming harder and harder to find any examples of local identity. Many villages are suffering as a result of losing more and more parts of their infrastructure. Schools, churches, shops and chemists are important components of village life. When these are no longer there the villages become dormitories with no individual character of their own. Happily, ethnic groups such as the Danes are working against this tendency in that they have a strong sense of tradition resulting in a community feeling. The megamarkets and malls on the edges of the towns not only denude the highstreets of customers, but also ruin the villages since they make the local shops no longer profitable. The village shop is particularly important in small communities, not only as a place to purchase goods, but as a meeting place and communications centre. There is such a shop in Gross Quern near Flensburg where the customer can buy almost everything from safety-pins to mopeds. There is usually always something going on when one enters the shop. The closure of such centres leaves painful traces in the community.

The people of Schleswig-Holstein like to celebrate. Almost every community has its own tradition, such as the Marktfrieden Festival in Heide or the Market Days in Bredstedt. Of particular note are the maritime festivals such as the Rum Regatta and Steam Festival in Flensburg, the Viking Festival in Schleswig and Herring Week in Kappeln. Kiel Week was started in 1888 as Germany's answer to Cowes and is now internationally known for its regattas for all classes of ships. The event draws several hundred thousand visitors every year as well as tall ships and steam veterans such as the icebreaker Stettin.

HISTORY

Prehistory and the Dark Ages

After the end of the last ice age the country was settled by reindeer hunters. The North Sea did not yet exist and there was a land connection with what is now England. The island of Helgoland was at that time just high land. Around 5,000 BC the sea level started to rise with what must have been catastrophic results for the people of the Early Stone Age, the people who left us the barrows. Finds from the Stone Age which can be seen in many museums and private collections show that the early Schleswig-Holstein must have been quite densely populated even then, particularly in the Bronze Age. There were extensive trade relations with the countries of the mediterranean region; raw materials for the production of bronze, copper and tin had to be imported from these countries. In return the natives of Schleswig-Holstein traded amber, the "northern gold", often in the form of jewellery of great artistic beauty. The Schloss Gottorf State Museum in Schleswig has a particularly good collection of Stone Age and Bronze Age artifacts.

What we now know as Schleswig-Holstein is also, along with parts of Jutland, known as the Cimbrian Peninsula after the Cimbrians, a tribe who often went south to war and together with the Teutons and Ambrons defeated the Romans several times around 120 BC before suffering a devastating defeat at Aquae Sextiae (Aix-en-Provence). Why the tribes left the country and migrated southwards remains a mystery, but it could have been due to land loss through the rise in sea level, a general climatic deterioration or overpopulation. The Angles and Saxons left the Cimbrian Peninsula in the 5th and 6th centuries and went to Britain. There they fought under the leadership of Hengist and Horsa alongside the Britons against the Picts and Scots and founded several kingdoms (Kent, Sussex, Essex, Wessex etc.). Around the time of Christ there was a great number of tribes in today's Schleswig-Holstein. The Saxons ruled Stormarn, Holstein and Dithmarschen and the areas east of the Schwentine and the Trave were settled by Slav tribes.The Danish Forest was the settlement border for the Jute and Danish tribes in the north. This landscape is now known as the Danish Wold. The Frisians settled the west of the country in the 8th century.

Schleswig-Holstein as German-Danish Border Country

In 789 Charlemagne defeated the Holstein people at Bornhöved. The Danish king Göttrik, fearing a Franconian attack, protected the trade settlement of Hedeby by building the Danevirke. Following Göttrik's death his sons made peace with Charlemagne and agreed on the River Eider as border in 811. This remained the border more or less for the next thousand years. The Limes Saxoniae, a protective embankment with castles and forts, was built in Holstein to stop the advance of the Slavs from the east. The following centuries saw many battles and confrontations between Germans, Danes, Swedes and Wends, mainly over the trading metropolis of Hedeby.

"Forever undivided"

After the death of Adolf VIII, the last of the Schauenburgs, the Council of Schleswig and Holstein elected the Danish king Christian I of the House of Oldenburg as ruler. In the Ribe Charter of Freedom in 1460 Christian guaranteed that Schleswig and Holstein would remain "forever undivided".This Charter was effectively the statute for the founding of a State of Schleswig-Holstein. It is from this point in time that we can speak of Schleswig-Holstein more as a state than purely a region. The Duchies were now united with the Kingdom of Denmark in a personal union, Christian I being King of Denmark and Duke of Schleswig-Holstein.

Lübeck, founded by Heinrich the Lion between 1143 and 1158 and now the centre of the Hanseatic League with the status of Independent Imperial City, viewed this Germano-Danish union with scepticism. They feared that the Danish fleet would endanger their position of influence in the Baltic. Between 1490 and 1580 there were many complicated land divisions based on claims of inheritance and disposition of the various earls. There were finally two earls from the House of Oldenburg. One of them was at the same time King of Denmark and the other was "only" a Duke with his seat in Schloss Gottorf in Schleswig. The whole of Schleswig-Holstein was divided into a patchwork of "ducal" and "royal" regions. Only the major cities remained under joint rule and administration. The people of Dithmarschen managed to hold onto their Peasants' Republic after the Battle of Hemmingstedt in 1500, but were finally defeated in 1599 and were forced to accept a division of their lands between the rulers of Schleswig-Holstein.

Schleswig-Holstein as a Trading State

The mercantile politics of the early 17th century led to the foundation of two so-called Free Towns, Glück-stadt (1616) and Friedrichstadt on the Eider (1621). Due to their special position they were able to offer sanctuary to those suffering religious persecution. It was hoped that these trading towns would help in making profits in the flourishing overseas trade.

Both rulers gave their patronage to a geographical treatise with the title "New Description of the Two Duchies Schleswig and Holstein" by Caspar Dankwerth and Johannes Mejer of Husum, which contained a number of maps. The rivalries between the two rulers led to Schleswig-Holstein being dragged into the Thirty Years war. The Gottorf Duke was allied with the Swedes who were at first the winning side. Following their devestating defeat in the Second Nordic War he was forced to cede all his possessions in Schleswig to the King of Denmark in 1720. The Gottorfs resided thereafter in Kiel Castle and in 1773 also ceded their estates in Holstein to the Danish Crown. In return they received Oldenburg and Delmenhorst. Thus both Duchies were, as in 1460, again part of the Danish kingdom. Schleswig-Holstein achieved a special impor-tance in Copenhagen as shown by the existence of the "German Chancellory" with Danish foreign Minister Earl Andreas Peter Bernstorff as its head. Important reforms in the agricultural sector were introduced and serfdom was abolished in 1797. Bernstorff imported farmers from southern Germany to make the heath and moorlands arable.

Democratic and Liberal Thoughts

In this epoch of enlightened absolutism the Ehmkendorf Estate of Earl Reventlow in Holstein became the centre of intellectual and cultural life and it was here that the first measures against the takeover attempts of the Copenhageners were undertaken. Fritz Reventlow and other nobles rejected the democratic ideals of the French Revolution as much as the absolutist State. A centre of Danish-Schleswiggian Thought arose in the Danish Adult High School in Roedding, just south of the border on the Königsgau. The basis for the work were the thoughts of the Danish theologist and educationalist Nikolaj Frederik Severin Grundtvig, dealing with the idea of a general, democratic adult education.

German and Danish Polarization

The defeat of Napoleon led to an array of political and economical disadvantages for Denmark. In 1816 Frederik VI set up a commission to draw up a constitution for Schleswig-Holstein. The Schleswig-Holstein nobility favoured a single constitution for both Duchies. Friedrich Christoph Dahlmann, a historian from the University of Kiel, worked on a joint constitution where the main objective was the indivisibility of Schleswig and Holstein with

an orientation towards Prussia and Germany. This national aim was at the same time liberal and anti-abso-lutist. The Danish National Movement which originated in North Schleswig found their advocates in the Kiel professors Christian Paulsen and Christian Flor. They supported the idea of a Denmark stretching down to the River Eider.

The Schleswig-Holstein Revolt

After King Christian VIII announced in his open letter of 1846 that the Line of Inheritance of the Lex Regia should also be applied to Schleswig and set up a conservative-liberal ministry with Eider-Danish preten-sions on March 22nd 1848, there was an uprising on 23rd and 24th March. The Duke was declared to be "redundant" and a provisional government was set up with the aim of joining the movement towards unity and freedom in Germany. This provisional government was soon recognized in Berlin and Frankfurt, and the Schleswig-Holstein Question soon became an important factor in German foreign politics. The German Bund and Prussia were involved in the following war. After the political and military defeats of the German side, Denmark, Sweden, England and other non-German powers guaranteed the survival of the whole Danish State in the first London Protocol. Prussia refused to sign. Schleswig-Holstein was now facing the collected might of the Danish army alone and suffered defeat at the Battle of Idstedt in 1850. In the London Protocols of 1850 and 1852 the Prince of Schleswig-Holstein-Glücksburg was named as Inheritor. Denmark agreed to respect the independence of the State regions and not to undertake any policies of annexation. After 1853 Schleswig-Holstein experienced an economic boom.

The Industrial Revolution

Schleswig-Holstein was still mainly agricultural. Altona, Rendsburg, Kiel and Flensburg developed into important trading centres. Flensburg's sea trade stretched as far as the West Indies. The triangular trade with cane sugar, rum and slaves brought great wealth to the port. The tradesmens guilds flourished in the cities. Factories arose in Altona, Neumünster (textiles) and Flensburg (sugar, rum). The "Carlshütte" was founded near Rendsburg and the Scheffel and Howaldt Foundry in Kiel (which later became the Howaldts-werft). In 1884 Altona and Kiel were joined by the first railway line in the state.

German-Danish War

The Danish-Schleswiggian Constitution signed by King Christian IX in 1863 incorporated the Duchy of Schleswig completely into the Danish Kingdom and separated it from Holstein. This set off a new war in Schleswig-Holstein. After there was no answer to the ultimatum set by Prussia and Austria, German troops stormed the Döppel Earthworks on February 1st 1864. In the Vienna Treaty Denmark was forced to cede both Duchies to Prussia and Austria. Danish imperial enclaves were swapped against the island of Aerø, areas around Skamlingsbanke and Ribe. Danish Lauenburg had to be sold to Prussia. Following the Austro-Prussian War of 1866 Schleswig-Holstein became a completely Prussian province.

Attempts at Incorporation

Over the next few years the Prussian government and administration did everything possible to german-ize the state into a royal region. In other words exactly what the Danes had tried in 1850. It is unfortunate that one cannot say that the Prussians and their administrative organs treated the large Danish minority with tolerance. Even many of the German-oriented Schleswig-Holsteiners found Bismarck's methods to be blunt and clumsy. The transformation of the multi-faceted Duchies into a centrally administered Prussian province led to many battles and conflicts; many Schleswig-Holsteiners found it far worse to be Prussian than Danish. Far-reaching measures which immensely altered life in the province were simply introduced without discussion with the inhabitants and without their approval being sought.

Theodor Storm was also affected by this. He returned from Heiligenstadt-on-Leine to "his" Husum. He was soon deeply disillusioned by the Prussians and spoke of Prussian "Junkers". The dream of a free Schleswig-Holstein had not become reality. Storm did not accept the offered position of state councillor and made do with the much worse paid position of magistrate. He did not wish to be a political civil servant of the Prussians.

The situation was first accepted as the Empire was established after the Franco-Prussian War in 1871 and the German national consciousness grew in the population. This was also partially due to the fact that Schleswig-Holstein was led to believe that it would also benefit from the economic-industrial boom in Germany. Disappointment and criticism first arose again when the social problems arising from the industrial revolution could not be coped with. The population of the cities and town increased rapidly with a corresponding decimation of the rural population (1867: 70%, 1907: 29.6%).

Election in Border Country

After the First World War the fate of Schleswig was decided by an election as laid down in the Treaty of Versailles. In the first election zone, north of Flensburg, 25,000 voted German, 75,000 Danish. In Flensburg and the areas south and west 13,000 voted Danish and 52,000 German. The new border was now north of Flensburg and Schleswig-Holstein lost 1/5th of its territory. In the following years Flensburg suffered no-ticeably economically as a result of its losing its northern hinterland. Thanks to the liberality of the Danish constitution the German minority became well organized and sent a representative to the Danish parliament. The Danish minority in South Schleswig obtained the right to establish cultural and social institutions.

Alienation

In 1929 Schleswig-Holstein attempted reconciliation and mediation between Germany and its northern neighbours by holding the "Nordic-German Week for Art and Science" in Kiel. Nazi rule resulted in a deep alienation between Germany and its northern neighbours, chiefly due to the conflict between a dictatorship and a free and just state. The old wounds were torn open and voices were raised for bringing the North Schleswig people "back into the Empire". During the Second World War Schleswig-Holstein was only marginally touched even though the city of Kiel and the old-town of Lübeck were devestated by allied bombs.

The Aftermath of War

After the war Schleswig-Holstein experienced an influx of approximately 1.2 million refugees from the eastern German regions. A British military government was set up. On June 12th 1946 the newly constituted State Parliament passed the democratic parliamentary "provisional constitutional". In the same year the Prussian State was formally dissolved and the former province became the Federal State Schleswig-Holstein. The first democratic elections for State Parliament and government were held in 1947.

Germano-Danish Cultural Exchange: A Model for Europe

Since 1945 Schleswig-Holstein has fulfilled its natural and historical bridging function as never before. Germans and Danes live with another and not against each other. The minorities on both sides of the border have become mutually respected sponsors of culture.
Nowadays 25% of the voters in the fjord city of Flensburg vote for the Danish minority party SSW. In many locations on both sides of the border there are German and Danish educational establishments next door to each other. There is more and more exchange of methods and ideas. Even when a certain Danish mistrust of their oppressively powerful neighbour is occasionally noticeable (and not without good reason), there are many examples of European consciousness to be found and a clear refusal to conformity.

FORMATION AND NATURE

Landscape Zones

Schleswig-Holstein is clearly divided into three landscape zones on a north-south axis: marsh in the west, geest in the middle and hilly country in the east.
The marshland consists of river and sea marsh areas with the islands and halligs. The sandy geest is high, dry and generally non-arable land in coastal areas and is a result of old moraines. The hilly region in the east is a young moraine landscape ending in beaches, fjords and bays. The geest and the eastern hilly region were formed by the earth movements of the last ice age. Only in a few places is the original underground formation to be found, i.e. the red sandstone island of Helgoland, the Segeberg Chalk Mountain and the white and red cliff on the island of Sylt.
The eastern hill country is noted for its deep inreaching fjords in the north of the region (Flensburg Fjord, Eckernförder Bay, Kiel Fjord) and the glacial valley from the Baltic to Schleswig, the Schlei Fjord. Between these cuts into the landscape there are the hilly landscapes of Angeln, Schwansen and Danisch Wohld. The southern part of the hilly country is dominated by the Lübeck Basin. It is in this moraine landscape that we find the highest point of the region, the Bungsberg, 186 metres high. We also find the Holstein Lake District here, a collection of large and small lakes. The central point of this attractive region is Lake Plön.
The world of the North Frisian islands starts north of the relatively high Eiderstedt Peninsula. It consists of the geest islands of Sylt, Föhr and Amrum, the marsh islands of Nordstrand and Pellworm and the halligs which are not dyked and change shape with the tide.

Climate

Due to its position between the North Sea and the Baltic, Schleswig-Holstein has a particularly maritime climate. The wind can be felt over almost all the countryside, mainly from the west. There are virtually no areas of high land which can affect the flow of the wind. The mild winters are only occasionally interrupted by long periods of cold and snow. Nowadays it is not unusual for a winter to pass without any snowfall and the fjords or small bays seldom freeze over.

Hedgerow Landscapes

Schleswig-Holstein is one of the least wooded German states with only the Sachsenwald in the southeast forming a relatively intact forest area. Typical for the landscape in the eastern hilly region are the hedgerows. These hedgerows are generally made up of hazel, thornbushes and the occasional tree growing in earthern walls. Known locally as "knicks", these hedgerows divide the fields and meadows from each other and the variety of birds which are to be found there are a delight for ornithologists. In spring and summer the birdsong creates an acoustic enhancement of the landscape.

The Geest

The barren geest countryside in the "middle" of the country used to be covered with expansive birch and oak forests, moors and heathland. These have all virtually disappeared. The moors were drained, the trees felled and the heathland made arable. Due to the sandiness of the former heaths the yield was poor and today we find that these areas are being reforested.

Moors

The many moors came into existence due to the rise in the watertable after the last ice age. The mosses soon overgrew the original vegetation. In some places where there was a great deal of water in the ground there arose lakes, swamps and water woods. Sometimes the moors around the Treene and Eider were flooded by seawater leading to depositing of mud.

North Frisia

The first major influx of water into North Frisia occurred around 300 BC, resulting in areas of high land with a hinterland of moors. These remnants of moraines were the basis for all the later North Frisian Islands with the exception of Pellworm which arose from higher marsh.

The tribe of the Frisians originated in Holland and settled and cultivated North Frisia in the early Middle Ages. The expression "North Frisian" came into use in 1424. North Frisia experienced many tidal floods in the Middle Ages which destroyed vast areas of geest and marshland. In the "Mandränke" flood of 1362 a great deal of the Uthlande (outer areas) were lost, hundreds of settlements were destroyed and sank forever under the waves including the legendary Rungholt which is remembered in many songs and stories. Today's port of Husum used to be far inland. Bredstedt and Leck also became seatowns but with later reclamation and dyke-building are now once again inland.

During the Buchardi Flood of 1632 the dykes on the great island of Nordstrand broke in 44 places. 6,400 died, 50,000 animals were taken by the sea and 19 villages sank with man and mouse. Today we can see the remains of Old Nordstrand in Pellworm, Nordstrand and Hallig Nordstrandischmoor. The danger of storm floods remains but North Frisia has won more land through reclamation as it has lost over the last few centuries. The dykes are secure, there is enough foreland and there are ingenicus drainage and water regulatory systems.

The Wattenmeer Shallows

The Wattenmeer Shallows of Schleswig-Holstein are a unique natural landscape, effectively the only remaining original landscape. The tides cause a continuous movement and change. Twice a day there is a movement of a great mass of water. It flows through channels and transports masses of sand and mud back and forth. The fertile mud is deposited on the watermeadows of the halligs and the foreland and slowly builds new cultivatable land

The halligs in the North Frisian Shallows are islands without dykes. Sometimes they are the remains of older, much larger halligs or have arisen later out of the movements of sand and mud. Halligs are continually mobile, losing land on one side and having it redeposited on the other side. If one compares maps of the halligs over the years one can see how markedly their shapes have changed. Where land has broken off it is possible to see traces of earlier settlement such as wells, graves, building foundations and even plough traces which have been preserved for centuries under layers of deposit.

Sylt, Föhr and Amrum are geest islands created out of old moraines, with later marsh areas - less on Amrum, more on Föhr. Amrum and Sylt have characteristic dunes, sandbanks and beaches along with vegetated dune landscapes which one does not find on Pellworm and Nordstrand.

Amrum - example for a North Frisian Island

Todays dune lanscape on Amrum is still in motion and this often leads to the uncovering of prehistoric remains. The oldest traces of settlement date back to the second or third millenium BC. 15 large grave chambers have been found on Amrum. In other places cobbled floors have been found, colour variations in the earth which represent wooden posts, and large quantities of pottery shards. Amrum was densely populated in the Bronze Age and there are remains of almost 140 grave mounds. In Nebel, a village in the middle of the island, there is an important seamens' cemetery. Whaling was the source of economy for the island between 1600 and 1780, and many scenes from the whalers' life can be seen on the richly decorated stones. In Amrum-Odde there is a bird sanctuary where a large variety of seabirds have their home, almost free from human influence. There are guided tours for visitors.

Amrum is very much as it always has been and at the same time it has a great deal to offer the tourist in the way of tranquility and nature and not so much the bars, discotheques and casinos as on Sylt. It is worthwhile taking a walk to the shrimp cutters where one can buy the fresh catch direct from the ship.

ALONG THE BALTIC COAST

The Baltic coast of Schleswig-Holstein is noted for its fjords and wide bays. Whereas there are a number of islands to be found in the North Sea, the Baltic coast only has the island of Fehmarn - not far from the coast and joined to it by a bridge. There are not the wide sandy beaches of the North Sea coast, but steep cliffs and small dunes. There are not so many pure sandy beaches, and they must be continually cleansed of seaweed to make them attractive for tourists. Between the beaches there are often meadows or stony areas which create a very special aesthetic delight.

The wind on the east coast is mainly mild, and the summer tourists need not fear having sand blown in their faces. The strong east winds occur mainly in winter leading to flooding of coastal roads and harbours.

Flensburg Fjord

The Flensburg Fjord stretches 40 kilometres inland to the city of Flensburg. The smaller part is the inner fjord and the outer fjord becomes wider and wider until it opens into the Baltic like a funnel. There are alternatively beaches and cliffs and the view of the northern side - the southernmost point in Denmark - is particularly exciting. Bedded in the eastern hilly land are a plethora of colourful fields, interrupted here and there by small copses.

It is well worthwhile taking a boat ride along the Flensburg Fjord, particularly on the "Alexandra", the last seagoing passenger steamer in Germany.

Angeln and the Schlei

The delightful Angeln countryside, dotted with farms and picturesque villages lies between the Flensburg Fjord and the Schlei Fjord. Along the gentle hills we find pastures and fields - in springtime the fields glow yellow with rape. The region is also known for the red-brown Angler cattle and the black and white Angeliter Saddleback pigs. Angeln was densely populated in prehistoric times. In 449 AD the Angles, Saxons and Jutes emigrated to Britain. There are a number of delightful late romanesque natural stone churches in the villages of Angeln. Sörup boasts a well-preserved granite building dating back to the 12th century.

The Schlei, formed at the end of the Ice Age with an overall length of 45 kilometres, creates the southern border of Angeln. Along the Schlei we find several lakelike bays. The narrowest part of the Schlei is a mere 400 metres wide. Kappeln has a small harbour with a depth of 15 metres which can accommodate larger ships. The town is the touristic centre of the Angeln region. Near the city of Schleswig, located at the west end of the Schlei, lay the ancient trading centre of Haithabu (Hedeby) once one of the greatest trade centres of northern Europe.

Schwansen and the Eckernförde Bay

Schwansen is the part of the countryside with the multitude of stately homes and large estates. This structure was established in the 16th century as Holstein nobility moved to the region. After the abolition of serfdom in the 19th century many peasants still remained dependent on the large estates. The heavy loamy soil in the region is particularly fertile and guarantees a high yield. On the south side of the Eckernförde Bay is the Dänischen Wohld, a piece of countryside which forms a peninsula into the Kiel Bay. In the 11th century it was described as densely wooded. Here we also find many large estates and expansive fields of corn.

The Kiel Fjord

On the shores of this Fjord we find a number of well-known resorts such as Strande, Schilksee, Laboe and Heikendorf. The Friedrichsort Strait marks the division into inner and outer fjord. Visible from afar is the Naval Monument at Laboe. It was designed by Munzer and constructed between 1927 and 1936. At Holtenau on the inner fjord is the start of the Kiel Canal which runs to join the North Sea at Brünsbüttel. It was opened by Kaiser Wilhelm II in 1895 and for some time bore his name. Today it is known as the Nord-Ostsee-Kanal.

Howacht Bay

This part of the Kiel Fjord is dominated by high cliffs from which one has a good view across to Fehmarn and the Danish islands. The resort of Howacht was originally a fishing settlement which King Christian IV planned to develop into a port. It has however remained a dreamy seaside town.

Fehmarn and the "Vogelfluglinie"

The name "Vogelfluglinie" comes from the fact that great flocks of birds migrate along this line from Scandinavia and northern Russia. This "bird flight route" can be applied to the travel route from Lisbon via Bern, Frankfurt am Main, Hamburg, Lübeck to Copenhagen, Stockholm and Helsinki. Fehmarn, once a rather out of the way island is now an important route station for traffic between middle and northern Europe. This has also led to an increase in tourists visiting the island. The emblem of the Vogelfluglinie is the Fehmarnsund Bridge built in 1963 with its elegant arched construction which is visible from afar.

Lübeck Bay

On the north side of the bay there are a row of seaside resorts stretching from Travemünde to Kellenhusen, evidence that we are in an area of beautiful beaches, a good hinterland and a long tradition of bathing. Bathing in Niendorf started in 1855 with the construction of a bathers' hotel. Timmendorfer Strand is home to the famous Curschmann Institute with its sanatorium for patients with heart and circulatory problems, large spa park, spa house and aquarium. This chain of resorts along the Lübeck Bay offers something for everybody and a great deal of variation from resort to resort.

SETTLEMENTS AND TOWNS IN SCHLESWIG-HOLSTEIN

The settlement of Haithabu (Hedeby) was founded in the 7th century near today's Schleswig. The name means "heath settlement". The Germans call Haithabu Sliasvich or Sliasthorpe. Its origins are due to the trade between Scandinavia and the Franconian region. Ships could navigate the Treene as far as Hollingstedt and the goods were transported the rest of the way by wagon. Since Schleswig-Holstein never came under Roman influence, Haithabu seems to have been remained the only larger settlement up to the 12th century.

Broadly speaking the development of towns in Schleswig-Holstein occurred in four phases. In the period of eastern colonization from the 12th to 14th centuries there appeared a number of "chessboard type" settlements, mainly in eastern Holstein and in the river marshes which were mainly settled by the Dutch. On the Baltic Coast arose harbour towns in protected bays, examples being Lübeck, Kiel, Flensburg and Eckernförde. In the second phase there were only a few new settlements, mainly on the west coast. These were often fortified and had a regular groundplan. One of these was Friedrichstadt (1621). The third phase took place after the Prussian takeover. These towns were the development of existing villages which experienced great increases in population due to the economic boom, e.g. Neumünster (1870).

The last phase of town establishment took place after World War II, in the 70s as Hamburg expanded (Norderstedt and Kaltenkirchen). The smaller towns originally functioned as centres for the exchange of produce from different areas and are therefore to be found at the interfaces between marsh and geest, geest and the eastern hills.

The larger cities of Kiel, Lübeck and Flensburg were involved in international trade. Lübeck had the leading position in the Hanseatic League and was the centre of trade with the Scandinavian-Baltic region. The port of Flensburg was for a long time second only to Copenhagen in importance. Kiel was a Hanseatic city from the late 13th century until 1581 but was too out of the way to ever achieve major importance. This importance was first achieved as Prussia moved its High Fleet Base from Danzig to Kiel. In 1867 Lübeck was the naval base of the German Bund and became an imperial naval base in 1871.

Lübeck and the Hanseatic League

Earl Adolf II of Holstein founded Lübeck as a trade settlement in 1143 near the Wendic settlement of Liubice which was destroyed in 1138. Heinrich the Lion forced him to hand over the city and refounded it in 1158/59. After the defeat of Heinrich the Lion the city did not return to Holstein but achieved a direct imperial status. This is still documented today by the imperial eagle in the coat of arms of the city.

Lübeck always had a special role in Schleswig-Holstein as "Queen of the Hanseatic League". Apart from the Napoleonic Occupation from 1811-1813 Lübeck remained independent until 1937. This political independence and the extraordinarily good location made Lübeck the centre of trade between central Europe and the Baltic region for many years. Raw materials from the north and west were traded against the Lüneburg salt and goods from the west and south. Over a long period the main trading partners for Lübeck were Visby on Gotland and Novgorod.

The word "hansa" is the Gothic word for "company". Under Lübeck's leadership a loose union of Westphalian, Saxon, Pommeranian and Prussian cities was formed. In 1356 these cities formally established the Hanseatic League. The first main political strife the Hanseatic League had was when the Danish King Waldemar Attertag occupied Gotland and curtailed the privileges of the League. The Hanseatic cities and their allies Sweden, Mecklenburg and Holstein occupied Copenhagen. In the Treaty of Stralsund Denmark guaranteed the trade privileges of the Hanseatic League. As Erik VII of Denmark attempted to liberate his country from the grip of the League with the help of English and Dutch merchants, the League replied with economic sanctions which forced Erik to comply in the Treaty of Vordingborg in 1435. In 1441 the Hanseatic League was forced to cede a part of their markets in the Baltic region to Holland. Iwan III closed the Hanseatic offices in Novgorod thereby severely limiting the League's business. As overseas trade gained importance, so the importance of the League went into decline. By 1604 there were only 14 active hanseatic cities. The economic and political upheavals of the Thirty Years War made their mark and finally there remained only Lübeck, Hamburg and Bremen to carry on the Hanseatic tradition. The last Hanseatic Council was held in 1669.

The Hanseatic bases were organized as a cooperative basis of bureaus which received privileges from the corresponding cities and which regulated Hanseatic trade. Of special importance to the League was a particularly roomy type of ship, the Hansekogge. It transported grain from eastern Germany, Poland and the Baltics, fish from Scandinavia, salt from Lüneburg and wine from southern Germany and France. Through the Hanseatic League, Middle Low German became the international language of trade. This is evidenced by many words still existent in modern Scandinavian languages. The architectural heritage of the Hanseatic League is to be found in the typical Gothic redbrick building style.

Lübeck's city laws

Lübeck's city laws, the "Soester Recht", developed into the "Lübeschen Recht" and were adopted by over 100 cities. These cities were Lübeck's most important partners in eastern and northern Europe. The main points of law were as follows:

- Everyman has the right to pledge his possessions, to sell them or to give them away, and to whosoever it pleases him.

- There will be a proper meeting three times a year. Everyone who has his own house is required to attend.
- Only three things shall be decided at this meeting: questions of inheritance, property ownership and the needs of the city.
- The citizens are not required to serve in the army in times of war, but are required to help in the defence of their city.

Further paragraphs form the basis for what later became the German Book of Civil Law, the Book of Criminal Law and the resulting legal system. They deal with capital crimes, theft, use of false weights and measures, slander and adultery as well as guidelines for witnesses. That Lübeck established the written norms and laws of an urban society so early brought decisive advantages in trade with other regions. Lübeck was considered to be a stable and reliable partner.

The City of Lübeck as a Cultural Monument

On 26th march 1942 Allied bombers destoyed a third of the old town of Lübeck and severely damaged another third. Particularly those parts of the city which were of architectural or historical importance were hit, but despite this it is still possible to imagine its former glory. After 1945 there were many redevelopment projects which did not exactly improve the situation. Today Lübeck is considered to be an cultural monument of international importance.

ECONOMY

Farming and Fishing

Around 70% of the land is used for agriculture, and about 50% of that is for growing produce. We find a large number of meadows and pastures in the low lying and consequently relatively wet marshes, but also in the geest. The eastern hilly region is dominated by cropgrowing. The number of people working in farming has diminished considerably, mainly due to new technology and the joining together of smaller units to form "farm factories". Although there are a number of organic farms in Schleswig-Holstein they remain but a small percent. The marsh areas used to be dominated by classical animal husbandry and the geest was used for fattening stock. Nowadays both areas support the same type of farming. After the First World War cabbage started to be grown in Dithmarschen, and today it is known for its large cabbage plantations.

Apart from green produce in Krempermarsh and Wilstermarsch we also find orchards and flowergrowing. Nowadays there are about 800 people employed in fishing. Since high sea fishing was given up in 1971 the importance of this industry in general has diminished and is limited to coastal fishing. In the North Sea and the Wattenmeer Shallows herring and cod are fished as well as mussels and shrimps. The picture of the nets and masts of the fishing cutters is typical for the harbours of Tönning, Husum and Büsum and provides a delightful view for tourists. The many small fishing harbours on the Baltic rely on Baltic cod, herring, salmon and plaice. Inland fishfarming is growing in importance, particularly in eastern Holstein.

Industry

There is little industry in Schleswig-Holstein. There are some oil resources in west Holstein which led to the building of a refinery in Hemmingstedt after World War I. Nowadays it also refines oil from other areas. Oil rigs off the North Sea coast of Schleswig-Holstein show where new oilfields have been discovered. The sand of the geest is used for building purposes and there is open cast mining for chalk in Lägerdorf near Itzehoe. A cement industry has grown up nearby. Food and beverage plants are to be found around Flensburg and Lübeck. Examples are Flensburg beer, Schwartau jams and Lübeck marzipan.

The textile industry is centred around Neumünster. Although in decline, shipbuilding is important for Kiel, Flensburg, Lübeck and many small coastal wharves. Schleswig-Holstein is disadvantaged relative to other federal states due its lack of natural resources, particularly compared with neighbouring Hamburg whose international harbour, transport connections and large population give it many more possibilities. There are many smaller plants in the area directly around Hamburg which are dependent on the city. Another problem for Schleswig-Holstein is that is even more on the edge of things following German Reunification. Even the existence of the Kiel Canal connecting North Sea and Baltic, and the Elbe-Lübeck Canal which connects Lübeck to the German inland waterway system does not help ease the marginal position of the region.

In Brünsbüttel there is a state-promoted petrochemical industry which along with an atomic power station noted for its malfunctions have an adverse effect on the environment. The other nuclear power stations at Krümmel on the Elbe and Brockdorf on the Elbe estuary are also not without problems. Malfunctions often lead to shutdowns and there is a never-ending stream of rumours about the health hazards which they cause. Wind energy is gaining in importance, particularly in the Schleswig region. This is only natural as the west coast is dominated by the wind. The Danes have been using windmills since the 70s and are now the leading producers of wind energy technology. Schleswig-Holstein is now profiting from this situation. There are also two sugar factories, several large slaughterhouses, mills, silo and dairy product plants in Schleswig-Holstein.

Tourism

Tourism is becoming more and more important, and the relatively sparse population and lack of industrial areas is of great advantage. At the start of the last century tourism was limited to the North Sea and Baltic coasts. Later the Holstein Lake District, and the spas of Bad Schwartau, Bad Bramstedt, Malente and Mölln became popular. The 1970s and 80s saw the introduction of large holiday complexes, such as Damp on the Eckernförde Bay, which led to a lengthening of the season.

There are 17 North Sea resorts, the most important being Büsum, St. Peter-Ording, Westerland on Sylt and Wyk auf Föhr. On the Baltic coast Travemünde has a long history dating back to 1802. Holidaymakers have remained faithful to the many resorts on the Lübecker Bay in spite of the opening of the border to Mecklenburg-Vorpommern. Many people from the densely populated areas of Germany love the individual character of Schleswig-Holstein, its natural beauty, cultural monuments and intact ecology. They come back time and again and many have their permanent holiday-home here, often on a farm well away from holiday villages and popular resorts.

SCHLESWIG-HOLSTEIN

Limité au Nord par la frontière avec le Danemark, le Schleswig-Holstein avec ses quelque 2 600 000 habitants est le Land le plus septentrional de l'Allemagne. Son nom composé de deux éléments nous rappelle qu'il s'agissait autrefois de deux duchés distincts qui se sont fondus au cours des siècles pour former une unité. Nombre d'entre nous savent également que le Schleswig et périodiquement le Holstein ont appartenu à la maison royale de Danemark, et qu'il fut un temps où le tracé de la frontière avec le Danemark passait à Altona, aux portes de Hambourg. L'histoire commune à l'Allemagne et au Danemark sera étudiée avec précision quelques pages plus loin. Les îles de la Frise septentrionale avec les Watten ou encore la Suisse du Holstein avec son paysage lacustre et ses douces collines rappellent à certains d'entre nous de bons souvenirs de vacances. Pour tous ceux qui ont pris part à une croisière en bateau à vapeur sur le Canal de Kiel qui relie la Baltique à la mer du Nord et coupe le Land presque en son milieu, ce voyage demeure un souvenir inoubliable pour avoir croisé une multitude de cargos rivalisant de taille.

Nous verrons que ce petit Land s'étalant au Nord de l'Elbe présente de nombreux attraits, tant sur le plan de son histoire que de ses paysages, que l'on y trouve non seulement de belles résidences pour les vacances, mais aussi un cadre de vie dans lequel il fait bon vivre toute l'année dès lors que l'on peut renoncer à la vie trépidante des grandes villes et que l'on n'a pas besoin d'une grande manifestation culturelle par semaine, que l'on ne vise pas les plus hauts salaires et que l'on sait apprécier une nature presque intacte.

A la découverte de la région et de ses habitants

Les habitants du Schleswig-Holstein ont la réputation d'être un peu guindés, avares en paroles et de n'être capables d'humour et de gaieté que très exceptionnellement. Ceux qui séjourneront plus longuement dans cette région s'apercevront que ce préjugé n'a guère de rapport avec la réalité. Au contraire, ils apprendront à apprécier cet humour indirect si typique de la région. Pour peu que l'on se donne le mal d'apprendre un peu de bas-allemand (Plattdeutsch), l'on découvrira toutes les subtilités de cette langue. Une messe en bas-allemand a une saveur bien particulière, et les chansons en Plattdeutsch sont riches en nuances qui se perdent dans leurs versions en haut-allemand. Après avoir oublié leur dialecte pendant plusieurs décennies, désintérêt renforcé par l'arrivée massive de réfugiés après 1945, les habitants du Schleswig-Holstein redécouvrent depuis quelques temps leur dialecte. Dans de nombreuses écoles, le Plattdeutsch est de nouveau enseigné; le concours annuel de lecture en Plattdeutsch est un événement attendu tandis que les pièces de théâtres en parler régional connaissent une popularité croissante. De même, le frison toujours vivant en Frise septentrionale, une langue germanique occidentale représentée par divers parlers, fait l'objet d'une attention toujours plus grande; dans les universités, des chaires de frison ont été créées, et un Institut de la langue frisonne a vu le jour à Bredstedt. Parmi les langues locales figure également le Danois, pratiqué dans le Schleswig par quelque 50 000 personnes. Ainsi compte-t-on 62 jardins d'enfants et 53 écoles danois répartis dans les villes de petite et moyenne taille du Sud du Schleswig.

Aujourd'hui encore, le Schleswig-Holstein est avant tout une région rurale; le nombre d'habitants en zone urbaine reste constant, voire diminue légèrement (comme dans le cas de Flensburg), à l'exception de la périphérie de Hambourg. Grand centre urbain, la ville hanséatique s'étend toujours plus vers le Nord et pose ses tentacules sur des localités telles que Norderstedt, Glinde et Reinbek, avec pour effet la disparition des vieilles structures villageoises et une perte d'identité. Les hypermarchés créés à la périphérie des villes lèsent non seulement les commerces situés en ville, mais aussi ceux des villages; rapidement, le petit magasin du bourg ne devient plus rentable. Or, encore plus dans les villages qu'ailleurs, la petite épicerie est plus qu'un simple lieu de vente; elle est aussi un lieu de rencontre propice à la communication. Pour les villages, la fermeture de ces magasins constitue un événement longtemps douloureux.

Le Schleswig-Holstein est riche en fêtes et manifestations. Ainsi, presque chaque village a ses propres traditions, comme à Heide avec sa fête populaire ou à Bredstedt avec sa foire. Particulièrement typiques sont les manifestations liées à la mer, comme à Flensburg la « régate du rhum » et la fête mettant à l'honneur les bateaux à vapeur « Dampf-Rundum », le festival viking à Schleswig ou encore la foire au hareng à Kappeln. De réputation internationale, la « semaine de Kiel » célébrée pour la première fois en 1888 propose chaque année des régates auxquelles prennent part des embarcations de toutes les tailles. Les visiteurs affluent par centaines de milliers pour assister à cet événement auquel participent, outre les grands voiliers, les plus vieux des bateaux à vapeur, tel le brise-glace « Stettin ».

APERÇU HISTORIQUE

De la préhistoire aux grandes migrations

A la fin de la dernière période glaciaire, la région était peuplée de chasseurs de rennes. La mer du Nord n'existait pas encore; ce qui constitue aujourd'hui l'Angleterre était accessible par voie de terre. Quant à l'île rocheuse d'Helgoland, elle formait à l'époque une hauteur sur le continent. A partir de 5000 avant J.-C., le niveau de la mer monta de 35 mètres au cours des deux millénaires suivants. Peu à peu, forêts et pâturages disparurent sous les flots. Cette évolution, même si elle s'est opérée lentement, a dû avoir des conséquences catastrophiques pour les populations du néolithique. Les ancêtres qui nous ont laissé les dolmens, ont vécu ces transformations. Des objets datant de l'âge de pierre que présentent les musées et les collections privées, montrent que cette région était, autrefois, fortement peuplée, notamment à l'âge de bronze. Les relations commerciales avec les pays du bassin méditerranéen étaient développées et intenses; les matières premières nécessaires à la production du bronze, le cuivre et l'étain, devaient être importées de ces pays. En guise de marchandise de troc figurait notamment « l'or du Nord », l'ambre, matière précieuse souvent finement travaillée sous forme de bijoux. Le musée du château de Gottorf propose une très riche collection d'objets remontant aux âges de pierre et de bronze.

La région qui constitue aujourd'hui le Schleswig-Holstein, est appelée, avec certaines parties du Jutland, péninsule cimbrique. Ce nom vient du peuple des Cimbres qui, lors de ses expéditions guerrières vers le Sud avec les Teutons et les Ambrons vers 120 avant J.-C., battit à plusieurs reprises les Romains, mais fut écrasé à Aquae Sextiae, aujourd'hui Aix-en-Provence. Les raisons pour lesquelles ces peuples quittèrent leur région pour se rendre dans le Sud ne sont pas connues avec précision. L'invasion du littoral occidental par la mer constitue peut-être un facteur d'explication, tout comme la dégradation progressive du climat ou encore la surpopulation. Les Angles et les Saxons ont eux aussi quitté la péninsule cimbrique (au Ve/VIe siècle av. J.-C.), pour se rendre en Britannia. Conduits par leurs chefs Hengist et Horsa, et soutenus par les Bretons, ils combattirent les Pictes et les Scots, et fondèrent plusieurs royaumes (Kent, Sussex, Wessex, Essex, etc.). Au début de notre ère, l'actuel Schleswig-Holstein était une mosaïque de peuples. A côté des contrées saxonnes de Stormarn, Holsten et Dithmarschen, des peuples slaves vivaient à l'Est de la Schwentine et de la Trave. La Forêt danoise (que rappelle la désignation géographique «Dänischer Wohld» constituait la frontière avec les peuples danois du Jutland au Nord. A l'Ouest s'établirent les Frisons au VIIIe siècle.

Le Schleswig-Holstein entre l'Allemagne et le Danemark

En 789, Charlemagne, depuis longtemps déjà en mauvais termes avec le roi de Danemark, battit les Holsten à Bornhöved. Redoutant une attaque des Francs, le souverain danois Göttrik décida de protéger l'important centre de négoce qu'était la ville de Haithabu par la construction d'un vaste système de défense (Danewerk). Après la mort de Göttrik, ses fils firent la paix avec Charlemagne et établirent le cours de l'Eider comme frontière. Pendant près d'un millénaire, cet accord subsistera quelles que fussent les péripéties de l'histoire. Dans le Holstein fut dressé le Limes Saxoniae, ligne de défense semée de châteaux-forts et d'ouvrages fortifiés et destinée à empêcher une invasion slave à l'Est. Les siècles qui suivirent furent ponctués par de nombreux conflits et guerres entre Allemands, Danois, Suédois et Slaves, dont l'enjeu était la plupart du temps le contrôle de la métropole de négoce de Haithabu.

Sous le règne d'Othon Ier furent fondés les évêchés de Schleswig, de Ripen, d'Aarhus et d'Oldenburg. Cependant, après la défaite d'Othon II dans le Sud de l'Italie, l'influence allemande connut un important déclin. Depuis 1110, maître du comté de Holstein, la maison de Schauenburg obtint en fief le duché de Schleswig concédé en 1386 par le roi de Danemark. Paysans, chevaliers et commerçants allemands affluèrent alors dans le Nord pour s'y établir. Le règne des Schauenburg marqua le début de la création d'un Etat féodal dans le Schleswig-Holstein. Beaucoup de chevaliers, comme les familles nobles des Rantzau, des Reventlow et des Ruhmor, obtinrent des privilèges et de vastes terres. Appuyés par le clergé, ils régnaient en maître dans le Schleswig-Holstein. A l'exception de la région du Dithmarschen où existait une sorte de république paysanne, la paysannerie, elle, était presque entièrement privée de droits.

Indivisibles pour toujours

A la mort du dernier Schauenburg Adolphe VIII, les états du Schleswig et du Holstein choisirent de placer le pays sous l'autorité du roi de Danemark Christian Ier, descendant de la maison d'Oldenburg. Dans l'ordonnance de Ripen de 1460, le souverain danois garantit solennellement l'indivisibilité du Schleswig et du Holstein. Ce document jetant en quelque sorte les bases d'un Etat de Schleswig-Holstein, on pouvait désormais parler du Schleswig-Holstein en termes de droit constitutionnel, et non plus en termes de région. Désormais, les deux duchés étaient directement rattachés à la couronne danoise, car Christian Ier était à la fois roi du Danemark et duc de Schleswig-Holstein.

En tant que ville impériale, la cité de Lübeck fondée par Henri le Lion entre 1143 et 1158, et devenue capitale de la Hanse grâce au dynamisme du commerce avec les pays bordant la côte balte, ne voyait pas cette alliance germano-danoise d'un bon œil, redoutant avant tout que la flotte danoise ne remette en question sa prééminence en mer Baltique. Entre 1490 et 1588, les duchés furent divisés à plusieurs reprises entre les héritiers de la couronne danoise avant d'être attribués finalement à deux héritiers de la maison d'Oldenburg, l'un étant en même temps roi de Danemark, l'autre « seulement » duc avec pour résidence le château de Gottorf, dans le Schleswig. A cette époque, le Schleswig-Holstein était une mosaïque de régions « royales » et « ducales ». A l'exception des plus grandes villes, il n'y avait pas d'institutions communes, ni sur le plan politique, ni sur le plan administratif. En 1500, à la bataille de Hemmingstedt, les Dithmarses réussirent encore à défendre leur république paysanne, mais durent s'incliner en 1599 et accepter la division de leur territoire entre les seigneurs du Schleswig-Holstein.

Le Schleswig-Holstein à l'époque du mercantilisme

La politique inspirée par la doctrine mercantiliste fut à l'origine de la création de deux villes, Glückstadt (1616) et Friedrichstadt (1621), destinées à accueillir les populations persécutées pour des raisons religieuses. Ces cités conçues comme des centres de négoce et d'artisanat devaient dynamiser le commerce outre-Atlantique qui s'annonçait lucratif. Le duc de Gottorf et le duc Frédéric III de Holstein commandèrent la rédaction d'un document intitulé « Nouvelle description des deux duchés Schleswig et Holstein... » et doté de nombreuses cartes, dont les auteurs étaient les érudits originaires d'Husum, Caspar Dankwerth et Johannes Mejer.

Par la suite de rivalités entre les deux féodaux, le Schleswig-Holstein fut entraîné dans la Guerre de Trente Ans. Ayant fait alliance avec la Suède qui, après avoir triomphé dans un premier temps, fut écrasée lors de la deuxième guerre du Nord, le duc de Gottorf dut céder à la couronne danoise toutes ses possessions au Schleswig-Holstein. En 1773, la famille de Gottorf, qui désormais résidait au château de Kiel, renonça également à toutes ses terres au Holstein au profit de la famille royale danoise. Ainsi les deux duchés étaient-ils à nouveau réunis au sein du royaume danois comme en 1460. Le Schleswig-Holstein avait un statut spécial à Copenhague, qui se traduisait par l'existence d'une « Chancellerie allemande » placée sous l'autorité du ministre danois des Affaires étrangères, le comte Andreas Peter Bernstorff. D'importantes réformes, notamment dans le secteur de l'agriculture, furent réalisées; en 1797 fut aboli le servage. Le comte Bernstorff fit venir des paysans du Sud de l'Empire germanique pour qu'ils rendent fertiles les landes et les tourbières du Nord.

Les idées libérales et démocratiques

A l'époque du despotisme éclairé, le domaine d'Ehmkendorf du comte Reventlow, au Holstein, devint un centre important de la vie intellectuelle et artistique, et fut également le point de départ d'une opposition aux tentatives hégémoniques de Copenhague. Fritz Reventlow et d'autres nobles rejetaient à la fois l'idéal démocratique de la Révolution française et la monarchie absolue. La petite ville de Rødding, située au Sud de la frontière méridionale du royaume de Danemark qui longeait le cours de la rivière Königsau, attira les partisans d'un rattachement du Schleswig au Danemark. Ceux-ci se référaient à la pensée du théologien et pédagogue Nikolaj Frederik Severin Grundvig qui défendait les principes de la démocraties et l'idée du droit à l'éducation pour tous.

Montée des tensions germano-danoises

Du point de vue économique et politique, le Danemark souffrit considérablement de la défaite de Napoléon. En 1816, Frédéric VI chargea une commission d'élaborer un projet de constitution pour le Holstein. Les petites féodaux du Schleswig-Holstein souhaitaient une constitution commune aux deux duchés. Friedrich Christoph Dahlmann, professeur d'histoire à l'université de Kiel, se consacra à la rédaction d'un tel texte, dont le but était d'abord de préserver l'union du Schleswig et du Holstein et tout en favorisant un rapprochement avec la Prusse et l'Allemagne. Cet objectif nationaliste se doublait d'idées libérales, condamnant comme obsolète la monarchie absolue. Le mouvement nationaliste danois, qui rayonnait à partir du Schleswig septentrional et que défendaient à Kiel les professeurs Christian Paulsen et Christian Flor, était partisan d'un Danemark jusqu'à l'Eider.

Le soulèvement allemand au Schleswig-Holstein

En 1846, le roi Christian VIII publia une ordonnance décrétant que la règle de succession de la couronne s'appliquerait aussi au Schleswig, et mit en place le 22 mars 1848 un ministère libéralo-conservateur favorable à un rattachement du Schleswig jusqu'à l'Eider. Les 23 et 24 mars, les Allemands du Schleswig-Holstein se soulevèrent, déclarant le duc « non libre » et créant un gouvernement provisoire, dans le but de se rallier aux forces de libération et d'unité de l'Allemagne. Ce gouvernement provisoire fut bientôt reconnu par Berlin et Francfort. La question du Schleswig-Holstein devint alors un facteur de la politique étrangère allemande. La Confédération germanique et la Prusse avaient leurs responsabilités dans la guerre qui éclata par la suite. Après les revers politiques et militaires du camp allemand, le premier protocole de Londres signé par le Danemark, la Suède, l'Angleterre et d'autres puissances garantit le maintien du statu quo. La Prusse refusa de parapher le document. Seuls face aux troupes danoises, les révoltés du Schleswig-Holstein furent écrasés à la bataille d'Idstedt en 1850. Les protocoles de Londres de 1850 et 1852 confièrent la succession au prince du Schleswig-Holstein-Glücksburg. Le Danemark s'engagea à respecter l'autonomie de ces régions et à mettre fin à sa politique d'incorporation au royaume. A partir de 1853, le Schleswig-Holstein connut une période prospère.

Sous le signe de la révolution industrielle

A l'époque dominait encore l'agriculture. Profitant du dynamisme du commerce, Altona, Rendsburg, Kiel et Flensburg devinrent d'importants centres de négoce. Les navires partant de Flensburg allaient jusqu'en Indes occidentales. La ville s'enrichit grâce au commerce d'esclaves, de la canne à sucre et du rhum. L'artisanat rigoureusement organisé en corporations connut un grand essor dans toutes ces villes. Des industries virent le jour à Altona, Neumünster (textile) et Flensburg (sucre, rhum). La métallurgie fit son apparition à Rendsburg et à Kiel, annonçant le développement de la construction navale. En 1844, les villes d'Altona et de Kiel sont les premières à être reliées au réseau ferroviaire.

La guerre des Duchés

La constitution danoise pour le Schleswig signée par le roi Christian IX en 1863 incorporait la totalité du duché de Schleswig dans la monarchie, le séparant ainsi du Holstein. Ce statut fut à l'origine un nouvel affrontement au Schleswig-Holstein. Après expiration d'un ultimatum posé par la Prusse et l'Autriche, les troupes allemandes enfoncèrent la ligne fortifiée danoise (Düppeler Schanzen) le 1er février 1864. La paix de Vienne obligea le Danemark à abandonner les deux duchés à la Prusse et à l'Autriche. Les enclaves de la couronne danoise furent échangées contre l'île d'Aerø ainsi que des territoires autour de Skamblingsbanke et Ribe; le Lauenburg fut vendu à la Prusse. Dès 1866, le Schleswig-Holstein devint province prussienne.

Tentatives de mainmise

L'Etat prussien et son administration se mirent à l'œuvre pour germaniser les populations jusqu'à la rivière Königsau, campagne inverse à celle des Danois après 1850. Malheureusement, on ne peut pas dire que les institutions prussiennes et leurs représentants firent preuve de tolérance à l'égard de l'importante minorité danoise vivant sur le territoire prussien. Nombreux furent les habitants du Schleswig-Holstein, y compris des partisans de la Prusse, qui ressentirent les méthodes comme brutales et maladroites. La transformatior des duchés aux institutions multiformes, jouissant d'une longue tradition, en une province administrée par un Etat centraliste ne se passa pas sans tensions ni conflits; beaucoup d'habitants trouvèrent plus éprouvant de devenir prussien que d'être danois. Des mesures importantes, bouleversant la vie dans la province sont décidées en haut lieu et appliquées en général sans consulter la population locale.

Theodor Storm en fut également affecté. Le cœur plein d'allégresse, il quitta sa ville d'exil, Heiligenstadt an der Leine en Prusse pour rejoindre Husum, son pays natal. La politique des « Junkers prussiens », comme il avait coutume de dire, lui fit vite perdre ses illusions. Le rêve d'un Schleswig-Holstein libre s'était évanoui. A la haute fonction qu'on lui proposait dans l'administration, il préféra un modeste poste de juge, ne pouvant accepter l'idée d'être un fonctionnaire de la Prusse.

Plébiscites dans la région frontalière

Après la première guerre mondiale, les habitants de la zone frontalière décidèrent par plébiscite du sort du Schleswig, conformément au traité de Versailles du 18 juin 1919. Le premier plébiscite au Nord de Flensburg donna 25 000 voix pour l'Allemagne et 75 000 pour le Danemark. Le second plébiscite consultant les habitants de Flensburg et des environs au Sud et à l'Ouest, se solda par 13 000 voix pour le Danemark et 52 000 pour l'Allemagne. Ainsi la frontière fut-elle tracée au Nord de Flensburg, faisant perdre au Schleswig-Holstein 1/5 de son territoire. Notamment pour l'économie de Flensbourg, l'absence d'arrière-pays se fit durement ressentir au cours des premières années. Grâce aux principes ibéraux de la constitution danoise, la minorité allemande du Schleswig septentrional put s'organiser efficacement et envoyer un représentant au parlement danois. Quant à la minorité danoise dans la partie sud du Schleswig, elle obtint des droits spéciaux favorisant la création d'organisations culturelles et sociales.

Identité en crise

Encore en 1929, lors de la « Semaine des pays allemand et nordiques de l'art et de la science », le Schleswig-Holstein prouvait sa volonté d'entretenir de bons rapports avec ses voisins septentrionaux. Sous le régime nazi, la population frontalière, tiraillée entre les idées de la dictature et celles de l'Etat de droit, traversa une profonde crise. Les vieilles plaies de cette région furent réouvertes. Des appels exigeant la réintégration du Schleswig septentrional dans le Reich se faisaient entendre. A l'exception de Kiel dévastée par les bombardements tout comme la vieille ville de Lübeck, le Schleswig-Holstein ne fut que peu touché par les destructions de la seconde guerre mondiale.

Les suites de la guerre

Après la guerre, le Schleswig-Holstein vécut l'arrivée de 1,2 millions de réfugiés venus des territoires de l'Est. Un afflux énorme pour une région ne comptant que 1,5 million d'habitants. Le Schleswig-Holstein était placé sous l'autorité d'un gouvernement militaire britannique. Le 12 juin 1946, le nouveau parlement régional adopta la « constitution provisoire » d'inspiration démocratique et parlementaire. Dans la même année, par la suite de la dissolution de l'ancienne province prussienne, fut institué le Land de Schleswig-Holstein Ce fut en 1947 que se tinrent les premières élections démocratiques pour mettre en place le parlement régional et du gouvernement du Land.

La coopération culturelle germano-danoise: un modèle pour l'Europe

Depuis 1945, le Schleswig-Holstein assure mieux que jamais son rôle naturel et traditionnel de trait d'union. Danois et Allemands vivent en bonne intelligence. De part et d'autre de la frontière, les minorités sont respectées en tant que détentrices d'une culture spécifique.

Aujourd'hui, à Flensburg, environ 25% de la population vote pour le parti de la minorité danoise, le SSW. D'un côté de la frontière comme de l'autre, établissements éducatifs danois et allemands se côtoient dans de nombreuses localités. Contenus et méthodes font l'objet de nombreux échanges. Même si la méfiance des Danois à l'égard du puissant et écrasant voisin se manifeste ici ou là (pas seulement à tort), cette région à cheval sur l'Allemagne et le Danemark est si riche en réalisations et projets illustrant l'idéal européen que les ambitions hégémoniques n'ont pas de prise.

FORMATION ET NATURE CARACTERISTIQUE

Les paysages

Le Schleswig-Holstein a trois zones très distinctes de paysages sur un axe nord-sud: les Marschen à l'Ouest, la Geest au centre et une région de collines à l'Est.

Les Marschen sont composées d'anciennes régions marécageuses autour des rivières et sur le littoral et comprennent les îles de la Frise septentrionale et les Hallingen. Formée à partir de vieilles moraines, la Geest sableuse au bord du littoral est une région haute, sèche, au sol souvent infertile. La région des collines à l'Est est une étendue de jeunes moraines qui se termine en plages, fjords (Förde) et baies. La Geest et la région de collines ont été formées par les mouvements du sol durant la dernière ère glaciaire. On ne trouve le sous-sol primaire que dans certains endroits: à Helgoland, l'île de grès rouge, à la montagne de calcaire de Segeberg et aux falaises blanches et rouges de Sylt.

La région de collines à l'Est est marquée au Nord par des fjords pénétrant profondément à l'intérieur des terres (Förde de Flensburg, Baie d'Eckernförde, Förde de Kiel) et par la vallée glaciaire de la Schlei qui s'étend jusque dans le Schleswig. Les paysages de collines d'Angeln, Schwansen et Dänischer Wohld ondulent entre ces échancrures. Le bassin de Lübeck domine le Sud de la région. C'est dans ce paysage morainique que se dresse son point culminant, le Bungsberg, haut de 186 m. Nous y trouvons également le district des lacs du Holstein, un ensemble de grands et petits lacs qui ont valu à cette contrée d'être surnommée la «Suisse du Holstein». Un de ses plus jolis endroits est le lac de Pcn.

Le monde des îles frisonnes commence au Nord de la presqu'île d'Eiderstedt. Il comprend les îles morainiques de Sylt, Föhr et Amrum, les îles d'anciens marécages de Nordstrand et Pellworm et les Halligen qui ne sont pas endiguées et changent continuellement de forme selon la violence du flux et du reflux de la mer.

Le climat

Situé entre la mer du Nord et la Baltique, le Schleswig-Holstein a surtout un climat océanique. Un vent, venant souvent de l'Ouest, y souffle presque toujours car il n'existe aucun relief assez important pour influencer les courants éoliens. Les hivers sont généralement doux, rarement interrompus par de longues périodes de froid ou de neige. Aujourd'hui, il n'est pas rare qu'un hiver passe sans qu'il tombe de neige et que les petites baies et fjords ne gèlent.

Les haies

Le Schleswig-Holstein est un des Länder (Etats) les moins boisés d'Allemagne. Il n'a qu'une grande forêt au Sud, appelée le Sachsenwald. Les haies dessinent le paysage dans la région des collines. Elles sont généralement composées de noisetiers, de buissons d'aubépines et ça et là d'un arbre. Appelées localement «Knicks», ces haies séparent les champs et les prés et sont l'habitat de nombreuses espèces d'oiseaux qui font la joie des ornithologistes. Au printemps et en été, le chant des merles, des loriots et des bruants jaunes emplit le paysage verdoyant.

La Geest

Les étendues infertiles de la Geest au «centre» du pays étaient autrefois recouverts de forêts de hêtres et de chênes et -notamment sur les sols siliceux- de marécages et de landes. Cette végétation a pratiquement disparu aujourd'hui. Les marais ont été asséchés, les landes transformées en terre cultivable. Mais les sols sableux ne produisent que de maigres récoltes. On voit surtout des champs de pommes de terre. L'agriculture ne rapportant guère, on remplace de plus en plus les champs par de nouvelles forêts.

Les Moore

Les nombreuses tourbières (Moore) furent créées lorsque le niveau de l'eau s'éleva durant la dernière ère glaciaire. Il favorisa la pousse de tourbe mousseuse qui bientôt recouvrit la végétation primaire. Des lacs, des étendues de marais, de roseaux et d'aulnes se créèrent là où le sol était particulièrement aqueux. Parfois, la mer vint inonder les tourbières près de l'Eider et de la Treene, y déposant des couches de limon fertile qui forment le sol actuel.

La Frise septentrionale

Les premières grandes invasions d'eau en Frise septentrionale datent d'environ 300 avant Jésus-Christ. Les hautes moraines anciennes qui s'avançaient loin dans la mer créèrent des hauteurs s'élevant devant des dépressions de terrains marécageux. Plus tard, ces moraines formèrent les îles de la Frise septentrionale, sauf Pellworm qui est une île de marais.

Le peuple des Frisons est originaire de Hollande. Il vint s'installer et cultiver le pays au début du Moyen Age. L'expression « Frison du Nord » est utilisée depuis 1424. Au Moyen Age, la Frise septentrionale subit de nombreux raz-de-marée qui ravagèrent de vastes étendues morainiques et marécageuses. En 1362, les assauts violents de la mer emportèrent une grande partie du littoral; des centaines de villages furent détruits et engloutis à jamais dans les flots. L'un d'eux était le légendaire Rungholt, évoqué dans de nombreux poèmes et chansons. A cette époque, le port d'Husum s'étendait bien plus à l'intérieur du pays. Il devint une ville côtière, de même que Bredstedt et Leck qui se sont toutefois de nouveau éloignées des côtes depuis que l'on a construit des digues et gagné des terres sur la mer.

Les digues de la grande île de Norstrand se brisèrent en 44 endroits lors du terrible raz-de-marée « Buchardi » de 1632. La mer engloutit 6400 personnes, 50 000 têtes de bestiaux et 19 villages. Aujourd'hui, on peut voir des vestiges de l'ancienne Nordstrand dans les Watten autour des îles Halligen, Pellworm, Nordstrand et Nordstrandischmoor. Le danger des raz-de-marée n'est pas écarté, mais les digues sont sûres aujourd'hui. Au cours des derniers siècles, la Frise septentrionale a gagné plus de terre sur la mer qu'elle n'en a perdu, cela grâce à des systèmes ingénieux de drainage et de régulation des eaux.

Les Watten

L'univers unique des Watten, vastes étendues de sable et de vase, est le seul paysage naturel existant encore dans le Schleswig-Holstein. Le flux et le reflux produisent constamment des changements de paysages. D'énormes masses d'eau se déplacent deux fois par jour. La mer coule à travers des chenaux, transportant des masses de sable et de vase. La vase fertile recouvre les terres amphibies des Halligen et du littoral, constituant à la longue de nouvelles terres cultivables.

Les îles Halligen ne sont pas endiguées. Elles sont les débris d'anciennes grandes îles ou sont nées de masses de sable et de vase déposées par la mer. Les Halligen changent continuellement de forme; soit le ressac leur arrache des terres, soit il y dépose des alluvions. La comparaison de différentes cartes géographiques des Halligen montre combien leur configuration s'est énormément modifiée au cours des années. En se promenant dans les Watten, on découvre souvent des parties d'îles reprises par la mer, qui portent encore des traces de vie telles que des puits, des tombes, des fondations de maisons et même des sillons, conservés sous des couches de vase depuis des siècles.

Sylt, Föhr et Amrum sont des îles de Geest créées à partir d'anciennes moraines auxquelles des étendues de Marschen (marais) sont venues s'ajouter plus tard - moins sur Amrum que sur Föhr. Amrum et Sylt ont un paysage caractéristique de vastes bancs et plages de sable ainsi que des dunes recouvertes de végétation que l'on ne trouve pas sur Pellworm et Nordstrand.

Amrum - exemple d'une île de la Frise Septentrionale

Le paysage de dunes d'Amrum est encore en mouvement et révèle parfois des traces de vie préhistoriques. Les plus anciennes remontent au deuxième ou troisième millénaire avant Jésus-Christ. 15 chambres mortuaires ont été découvertes sur l'île. En d'autres endroits, on a trouvé des foyers pavés, des colorations dans le sol laissée par des poteaux en bois et de nombreux débris de poteries. Amrum était très peuplée à l'âge du bronze. Ses habitants ont laissé 140 tumulus. Nebel, un village au cœur de l'île, abrite un grand cimetière de marins. La pêche à la baleine constituait la ressource principale de l'île entre 1600 et 1780, ainsi qu'en témoignent les scènes de la vie des pêcheurs figurant sur les pierres tombales richement décorées. La colonie d'oiseaux d'Amrum-Odde est l'habitat protégé de nombreuses espèces, mouettes, eiders, hirondelles de mer, huîtriers, que l'on peut observer au cours de visites guidées.

L'atmosphère d'Amrum n'a guère changé malgré le tourisme. Ses visiteurs n'y trouveront pas les bars, discothèques et casinos de Sylt, mais le repos, la nature et à Steenodde, des chalutiers qui vendent les crabes tout frais pêchés directement à bord.

LA COTE DE LA BALTIQUE

De vastes baies et des fjords profonds (les Förde) caractérisent la côte balte du Schleswig-Holstein. Tandis que les îles s'égrènent le long du littoral de la mer du Nord, la côte balte n'en a qu'une, Fehmarn qui s'étend près du littoral et est reliée au continent par un pont. On ne trouve pas non plus les longs rivages de sable de la mer du Nord, mais de petits paysages de dunes et des parois abruptes. Les plages de sable fin sont rares et en été, il faut constamment les nettoyer des algues pour les rendre attrayantes aux touristes. Par contre, les vacanciers trouveront de beaux paysages d'étendues verdoyantes et de grèves où l'on découvre encore des fossiles des époques glaciaires.

Les vents sont plutôt doux sur la côte de la Baltique. En été, les estivants sur la plage n'ont pas à craindre d'avoir du sable dans les yeux. Les vents violents de l'Est soufflent surtout en hiver, causant les raz-de-marée qui submergent les routes côtières et les ports.

Förde de Flensburg

Longue de 40 km, la baie de Flensburg pénètre à l'intérieur du pays jusqu'à la ville de Flensburg. Elle a la forme d'un entonnoir, sa partie la plus large s'ouvrant sur la mer Baltique. Des plages alternant avec des falaises la bordent et l'un de ses plus beaux panoramas est celui de sa rive nord ensoleillée qui fait face à la pointe sud du Danemark. Dans le paysage de collines à l'Est, se nichent une foison de champs colorés, entrecoupés ça et là de petits bois. La Förde de Flensburg offre une excursion très intéressante, notamment à bord de « l'Alexandra », le dernier bateau à vapeur de mer en Allemagne.

L'Angeln et la Schlei

La contrée ravissante d'Angeln, parsemée de fermes et villages pittoresques, s'étend entre la Förde de Flensburg et la Schlei. Des collines de prairies et de champs ondulent doucement; au printemps, les champs de colza se transforment en nappes jaunes brillantes. La région est également connue pour ses bœufs brun-rouge et ses porcs tachetés noir et blanc. L'Angeln était très peuplée aux temps préhistoriques. Les Angles, les Saxons et les Danois émigrèrent en Grande-Bretagne en 449. Les villages de la contrée abritent de jolies églises romanes construites en pierre. Celle de Sörup par exemple est un édifice en granit très bien conservé du 12e siècle.

La Schlei qui coule dans une ancienne vallée glaciaire forme la frontière sud de l'Angeln. Plusieurs baies créant des sortes de lacs, bordent son cours de 45 kilomètres. Sa partie la plus étroite n'a que 400 mètres de largeur. Kappeln possède un petit port d'une profondeur de 15 mètres qui peut accueillir d'assez grands bateaux. La ville est le centre touristique de la région. L'ancienne cité commerçante de Haithabu, jadis une des plus grandes d'Europe du Nord, s'étend près de la ville de Schleswig, située à l'extrémité occidentale de la Schlei.

Schwansen et la baie d'Eckernförde

La contrée de Schwansen abrite de nombreux manoirs et domaines immenses créés au 16e siècle par la noblesse de Holstein qui vint s'établir dans cette région. Un grand nombre de paysans restèrent sous la tutelle des hobereaux locaux, même après l'abolition du servage au 19e siècle. Particulièrement fertile, le sol de limon de la région produit d'importantes récoltes. Le Dänische Wohld, une presqu'île qui rejoint la baie de Kiel, s'étend sur le bord gauche de la baie d'Eckernförde. Elle était très boisée au 11e siècle, mais on y trouve aujourd'hui de nombreuses grandes fermes et des champs de céréales.

La Förde de Kiel

Un grand nombre de stations balnéaires connues telles Strande, Schilksee, Laboe et Heikendorf s'égrènent sur les bords du golfe de Kiel. Le passage étroit de Friedrichort marque la division entre le golfe intérieur et extérieur. Le monument Marine-Ehrenmal de Labœ se voit de loin. Il fut construit par l'architecte Munzer entre 1927 et 1936. Le Nord-Est-Canal qui rejoint la mer du Nord à Brünsbüttel, commence près de Kiel-Holtenau dans le golfe intérieur. Il fut inauguré en 1895 par l'empereur Guillaume II dont il porta le nom pendant quelque temps.

Meldorfer Holzverarbeitungs GmbH

Meldorf, 31.08.94

Dear Mr. Easton,

welcome in Schleswig-Holstein.

On the occasion of our meeting, we would like to offer you the enclosed illustrated book showing the natural beauties of our country.

After the unforgettable visit of last year in Scotland we hope that we'll also succeed in offering you an interesting program.

With kind regards,

Meldorfer Holzverarbeitungs GmbH

Enclosure: Time schedule

Meldorfer Holzverarbeitungs GmbH · Marschstraße · 25704 Meldorf · Telefon: 0 48 32 / 993-0 · Telex: 2 8 887 · Telefax 0 48 32 / 993-272
Postfach 10 09 · 25698 Meldorf
Geschäftsführer: Norbert Riedel, Bjarne Thomsen · Sitz der Gesellschaft: 25704 Meldorf · Amtsgericht Meldorf HRA 437

Baie de Howacht

Cette partie de la Förde de Kiel est dominée par des hautes falaises desquelles s'offre un vaste panorama sur Fehmarn et les îles danoises. A l'origine, la station balnéaire de Howacht était un village de pêcheurs que le roi Christian IV décida de transformer en ville portuaire. Mais son projet ne se réalisa pas et Howacht est aujourd'hui un paisible lieu de villégiature.

Fehmarn et la « Ligne de vol d'oiseau »

La « Ligne de vol d'oiseau » suit la route des oiseaux migrateurs venant de Russie et Scandinavie, à laquelle elle doit son nom. Le trajet part de Lisbonne, via Berne, Francfort sur le Main, Hambourg, Lübeck jusqu'à Copenhague, Stockholm et Helsinki. Jadis à l'écart des voies fréquentées, l'île de Fehmarn est aujourd'hui un nœud de communications important entre l'Europe centrale et l'Europe du Nord, ce qui a considérablement augmenté le nombre de touristes sur l'île. Le symbole de la « Ligne de vol d'oiseau » est le pont Fehmarnsund, construit en 1963, dont la courbe élégante est visible de loin.

Baie de Lübeck

Les nombreuses stations balnéaires qui jalonnent le côté septentrional de la baie, de Travemünde à Kellenhusen, montrent que nous sommes dans une région possédant de belles plages, un arrière-pays splendide et une longue réputation comme lieu de villégiature. La vogue des bains dans la mer commença en 1855 à Niendorf où fut construit un premier hôtel de « baigneurs ». Timmendorfer Strand abrite des établissements thermaux entourés d'un grand parc, un aquarium et l'institut Curschmann réputé pour ses traitements de maladies cardiaques et circulatoires. Le collier de stations balnéaires de la baie de Lübeck a quelque chose à offrir à chacun et l'on découvrira une grande diversité d'une station à l'autre.

LOCALITES ET VILLES DU SCHLESWIG-HOLSTEIN

Haithabu, dont le nom signifie « colonie de la lande », fut fondée au 7e siècle près de la ville actuelle de Schleswig. Les Germains l'appelaient Sliasvich ou Sliasthorpe. La localité doit ses origines au commerce entre la Scandinavie et les régions franques. Les bateaux remontaient la Treene jusqu'à Hollingstedt; de là, les marchandises étaient transportées le reste du chemin par voie terrestre. Les Romains n'ayant jamais colonisé le Schleswig-Holstein, Haithabu fut la seule localité importante de la région jusqu'au 12e siècle.

On peut grossièrement diviser le développement des villes du Schleswig-Holstein en quatre phases. A l'époque de la colonisation de l'Est, entre les 12e et 14e siècles, apparurent des localités construites en « échiquier », notamment dans l'Est du Holstein et dans les Marschen autour des rivières qu'habitaient des Hollandais. Des ports furent bâtis dans des baies abritées le long de la Baltique, par exemple: Lübeck, Kiel, Flensburg et Eckernförde. Quelques rares localités naquirent durant la seconde phase, la plupart sur la côte occidentale. Elles étaient souvent fortifiées et avaient une configuration en cercle. L'une d'elle est Friedrichstadt (1621). La troisième phase commence avec la prise de possession de la région par les Prussiens. Les villages existants se développèrent en villes grâce à l'essor économique qui attira une importante population, par exemple: Neumünster (1870). La dernière phase se situe après la seconde guerre mondiale, dans les années 70 avec l'expansion de la région de Hambourg (Norderstedt et Kaltenkirchen). A l'origine, les petites villes étaient les centres d'échanges des produits provenant des divers terroirs; c'est pourquoi on les trouve aux intersections des Marschen, de la Geest et des collines de l'Est.

Les grandes villes de Kiel, Lübeck et Flensburg faisaient du commerce international. Lübeck était à la tête de la ligue hanséatique et centre du commerce avec les pays baltes et scandinaves. Durant très longtemps, le port de Flensburg vint juste après celui de Copenhague. Kiel fit partie de la Hanse de la fin du 13e siècle jusqu'en 1581, mais était trop à l'écart des grandes voies de communications pour jouer un rôle important. La ville se développa toutefois quand la Prusse y transféra sa principale base navale auparavant située à Danzig. Lübeck devint base navale de l'Alliance d'Allemagne septentrionale en 1867 et base impériale en 1871.

Lübeck et la ligue hanséatique

Le comte Adolf II de Holstein fonda la localité commerçante de Lübeck en 1143 près du village sorabe de Liubice, détruit en 1138. Il dut abandonner la ville à Henri le Lion et la fonda de nouveau en 1158/59. La cité ne retourna pas au Holstein après la défaite de Henri le Lion, mais fut déclarée ville libre impériale en 1226, ainsi qu'en témoigne l'aigle impérial sur ses armoiries.

Lübeck, « Reine de la Hanse », a toujours joué un rôle particulier dans l'histoire du Schleswig-Holstein. Elle est restée indépendante jusqu'en 1937 hormis la période d'occupation napoléonienne entre 1811 et 1813. Cette indépendance politique et sa situation géographique favorable lui valurent d'être le centre du commerce entre l'Europe centrale et les régions baltes durant de nombreuses années. Les produits bruts du Nord et de l'Est étaient échangés contre le sel de Lunebourg et les marchandises venant de l'Ouest et du Sud. Visby sur Gotland et Novgorod furent longtemps les principaux partenaires de Lübeck.

Le mot de la langue gotique « Hanse » signifie groupe. Sous le leadership de Lübeck, des villes de Westphalie, de Saxe, Poméranie et de Prusse formèrent d'abord une union sans règles précises. En 1356, ces cités établirent officiellement la ligue hanséatique. Elle vécut son premier conflit politique lorsque le roi danois Waldemar Attertag conquit l'île de Gotland et abrogea les privilèges de la Hanse. Les cités hanséatiques et leurs alliés de Suède, du Mecklembourg et de Holstein occupèrent alors Copenhague. Le Danemark dut garantir les privilèges commerciaux de la Hanse au traité de Stralsund. Erik VII du Danemark tenta de libérer son pays du joug de la ligue avec l'appui de l'Angleterre et des marchands hollandais. La Hanse répliqua avec des sanctions économiques qui forcèrent le roi danois à signer le traité de Vordingborg en 1435. En 1441, la Hanse dut cependant céder une partie de ses marchés dans les régions baltes aux Hollandais. Ivan III ferma les comptoirs hanséatiques à Novgorod, ce qui causa de sérieux préjudices à la Hanse. Sa décadence s'amorça quand le commerce international se développa avec les pays d'outre-mer. Il ne restait plus que 14 villes hanséatiques actives en 1604 et seulement Lübeck, Hambourg et Brême après les catastrophes économiques et politiques de la guerre de Trente ans. La ligue se réunit pour la dernière fois en 1669.

La ligue était organisée comme une coopérative, avec des comptoirs qui recevaient des privilèges des villes où ils étaient établis et qui coordonnaient le commerce. Ces comptoirs possédaient leurs propres « directoires » et administrations financière et juridique. La ligue utilisait un type particulier de navire appelé « Hansekogge ». Les grands vaisseaux transportaient des céréales de l'Est de l'Allemagne, de la Pologne et des pays baltes, du poisson de la Scandinavie, du sel de Lunebourg et du vin de l'Allemagne du Sud et de la France. Le bas allemand devint la langue du commerce dans l'espace balte; aujourd'hui encore, on en retrouve de nombreux mots dans les langues scandinaves modernes. En héritage architectural, la Hanse a laissé d'admirables édifices de briques rouges construits dans le style gothique.

Les lois de Lübeck

Les lois de Lübeck; appelées le « Droit soeste » devinrent le « Code de Lübeck » qu'adoptèrent plus de 100 villes. Ces villes étaient les partenaires principaux de Lübeck dans le Nord et l'Est de l'Europe.

Voici les points majeurs de ce code:

- Chacun a le droit de mettre ses biens en gage, de les vendre ou de les donner, à la date et aux personnes de son choix.
- Une réunion officielle aura lieu trois fois par an. Quiconque possède sa propre maison doit y assister.
- Trois choses seulement seront décidées à ces réunions: les questions d'héritage, de la propriété et les besoins de la cité.
- Les citoyens ne sont pas tenus de servir dans l'armée en temps de guerre, mais doivent apporter leur soutien dans la défense de leur cité.

Les codes civil et pénal allemands actuels reposent sur ces paragraphes et d'autres articles concernant le crime, le vol, l'utilisation de faux poids et mesures, la diffamation, l'adultère et les règles gouvernant les témoignages. Le fait que Lübeck ait très tôt établi un code écrit de normes et lois dirigeant une société urbaine, lui apporta des avantages commerciaux certains avec les autres pays. La ville était un partenaire sûr et solide.

Lübeck, monument culturel

Le 26 mars 1942, deux tiers de la vieille ville étaient entièrement détruits ou gravement endommagés sous les bombardements alliés. Les quartiers qui avaient une importance historique ou architecturale furent particulièrement touchés. Cependant la ville a conservé de nombreuses traces de son ancienne beauté, cela en dépit de plusieurs projets de restauration de l'après-guerre, qui n'arrangèrent pas la situation. Aujourd'hui, Lübeck est un monument culturel d'importance internationale.

ECONOMIE

Agriculture et pêche

Environ 70% de la superficie du Land servent à l'agriculture, 50% étant des surfaces cultivées. Un grand nombre de prairies occupent les étendues plates des Marschen et certains endroits de la Geest. Les champs cultivés dominent dans la région des collines située à l'Est. Commencée après la première guerre mondiale, la culture du chou dans les Dithmarschen est devenue une des ressources principales de cette contrée.

Outre les champs et les prairies, on trouve également des vergers et des cultures de fleurs dans les contrées de Krempermarsch et Wilstermarsch. A l'heure actuelle, quelque 800 personnes travaillent dans le secteur de la pêche qui a considérablement diminué à partir de 1971, lorsqu'on a abandonné la pêche en haute mer pour ne plus pratiquer que la pêche côtière. Le hareng, le cabillaud, les moules et les crabes sont pêchés dans la mer du Nord et les Watten.

L'industrie

Le Schleswig-Holstein a peu d'industries. L'Ouest du Holstein possède quelques ressources de pétrole pour lesquelles on a construit une raffinerie à Hemmingstedt dès la fin de la première guerre mondiale. Aujourd'hui, l'usine raffine également du pétrole venant d'autres régions. Le sable de la Geest est utilisé dans le secteur du bâtiment et on extrait le calcaire à ciel ouvert à Lägerdorf, près d'Itzehoe. Une industrie du ciment s'est développée dans cette région. Des usines spécialisées dans les boissons et produits alimentaires se sont implantées autour de Flensburg et Lübeck.

Comme autrefois, l'industrie textile est concentrée autour de Neumünster. Bien qu'elle soit en régression, la construction navale est toujours importante pour Kiel, Flensburg, Lübeck et plusieurs chantiers moyens situés le long de la côte. L'énergie éolienne est en plein développement, notamment dans la région du Schleswig où le vent souffle presque toujours sur la côte occidentale.

Le tourisme

Le tourisme prend une place de plus en plus importante dans cette région dont les avantages sont des campagnes relativement peu peuplées et l'absence de grandes zones industrielles. A la fin du siècle dernier, les lieux de villégiature se concentraient sur le littoral de la mer du Nord et de la Baltique. Plus tard, la région des lacs de Holstein et les sources thermales de Bad Schwartau, Bad Bramstedt, Malente et Mölln attirèrent les visiteurs. Dans les années 70 et 80, furent créés de vastes complexes de loisirs grâce auxquels on put prolonger la saison. L'un d'eux est Damp 2000 sur la baie d'Eckenförde.

Il y a 17 stations balnéaires dans la mer du Nord, les plus importantes étant Büsum, St-Peter-Ording, Westerland sur l'île de Sylt et Wyk sur Föhr. Sur la Baltique, Travemünde était déjà fréquentée en 1802, date de sa création. Les stations balnéaires de la baie de Lübeck sont toujours aussi populaires, bien que le Mecklembourg-Poméranie leur fasse concurrence depuis l'ouverture des frontières. Beaucoup d'Allemands des régions industrielles très peuplées du pays aiment le caractère individuel du Schleswig-Holstein, ses beautés naturelles, ses monuments culturels et son environnement intact. Ils viennent souvent y séjourner; un grand nombre d'entre eux y ont même une résidence secondaire, souvent une ferme ou une petite maison loin des villages de vacances et des complexes hôteliers.

Die alte Hansestadt Lübeck ist sicher die bedeutendste Stadt Schleswig-Holsteins. Das ist im wesentlichen darauf zurückzuführen, daß der Kern der Stadt noch fast unverändert seinen alten Grundriß hat, und daß vieles der erhaltenen Bausubstanz von der reichen Geschichte berichtet. Mit dem hier abgebildeten Holstentor haben wir das markanteste Wahrzeichen der Stadt vor uns. Es wurde im Sumpfgebiet der Trave auf Pfählen gebaut und diente innerhalb einer großen Befestigungsanlage auch als Geschützturm. Das Holstentor entstand zwischen 1469 und 1478 nach dem Vorbild flandrischer Brückentore.

The old Hanseatic city of Lübeck is surely one of the most important towns in Schleswig-Holstein, mainly because of its well preserved old town centre which is still laid out according to the original plan and boasts many historical buildings. Lübeck is always identified with the Holsten Gate which is pictured here. It was built on piles in the Trave swamp and was used as an artillery tower in the old fortifications. Built between 1469 and 1478, it was modelled on the design of Flanders bridge gates. Particularly noticeable are the pointed cone-shaped rooves and the alternative courses of red and black-glazed bricks.

L'ancienne ville hanséatique de Lübeck est sans aucun doute la ville historique la plus importante du Schleswig-Holstein. Elle a conservé sa vieille ville d'origine et de nombreux édifices qui racontent un riche passé. La porte dite Holstentor est l'emblème de la ville. Construite sur pilotis dans le marais de la Trave, la porte fortifiée faisait partie d'une grande enceinte qui protégeait la ville. Elle fut édifiée entre 1469 et 1478 d'après le modèle des portes de pont-levis flamandes. L'édifice est magnifique avec ses deux toits pointus et sa façade de briques vernies rouges ou noires.

Die Bilderreise

Unsere Reise beginnt in der alten Hansestadt Lübeck an der Trave, in der man sich gut einige Tage aufhalten kann. Lübeck erzählt viel über Schleswig-Holsteins Eigenart und Geschichte. Dann führt uns der Weg über die Lübecker Bucht ins Lauenburgische, das einmal dänische Provinz war, mit malerischen Städten wie Ratzeburg und Mölln, umgeben von Seen. Von den Vierlanden aus umrunden wir Hamburg, gelangen in die Haseldorfer Marsch und nach Itzehoe. Dann geht es weiter Richtung Dithmarschen, nach Meldorf und Heide. Eiderstedt ist die nächste Station, und von dort aus machen wir einen Abstecher per Schiff zur roten Felseninsel Helgoland.
Husum als Zentrum Nordfrieslands könnte für einige Tage Ruhepunkt sein. Von dort aus kann man gut die Nordfriesische Insel- und Halligenwelt bereisen. Bei gutem Wetter locken vielfältige Badefreuden, so daß sich eine längere Pause von selbst ergibt. An der deutsch-dänischen Grenze entlang geht es dann in die Flensburger Region. Es folgt das Glücksburger Schloß und die Landschaft von Angeln. Über Eckernförde gelangen wir dann in die Landeshauptstadt Kiel und können dort eine öffentliche Sitzung des Landtages besuchen. Nachdem wir einen Schlenker durch Badeorte an der Kieler Förde gemacht haben, genießen wir die vielfältigen Schönheiten der Holsteinischen Schweiz. Schließlich endet unsere Reise auf der Ostsee-Insel Fehmarn mit Blick auf die Fehmarnsundbrücke.

The Pictorial Journey

Our journey begins in the old hanseatic city of Lübeck on the River Trave where it is well worth spending a few days. Lübeck tells us a lot about Schleswig-Holsteins character and history. Then we travel through the bay of Lübeck on to the Lauenburg area, once a Danish province, with the picturesque towns of Ratzeburg and Mölln which are surrounded by lakes. From Vierlanden we travel around the outside of Hamburg into the Haseldorf Marsh and on to Itzehoe. We then go on to Dithmarschen, Meldorf and Heide. Next stop is Eiderstedt from where we make an excursion to the red cliffs of Helgoland. We can rest a few days in Husum, the centre of North Frisia, and use it as a base for exploring the halligs and the islands. On along the German-Danish border to the Flensburg region, the moated castle of Glücksburg and the countryside of Angeln. On past Eckernförde to the State Capital at Kiel where we can experience a sitting of the State Parliament. After wandering around the beach resorts along the Kiel Fjord we can enjoy the Holstein Lake District. Finally we finish our journey on the baltic island Fehmarn with view to the Fehmarnsund Bridge.

Voyage en images

Notre voyage commence dans la vieille ville hanséatique de Lübeck sur la Trave où l'on peut bien s'attarder quelques jours. Lübeck raconte beaucoup sur l'histoire et les caractéristiques du Schleswig-Holstein. Nous partons en passant par la baie de Lübeck ensuite dans le Lauenburg, une ancienne province danoise qui abrite des villes pittoresques comme Ratzeburg et Mölln, entourées de lacs. Depuis la contrée dite « Vierlanden », nous contournons Hambourg, traversons la contrée dite Haseldorfer Marsch pour rejoindre Itzehoe. Le périple se poursuit dans le Dithmarschen, vers Meldorf et Heide. A Eiderstedt, la prochaine étape, nous prenons un bateau pour une excursion sur le rocher rouge qu'est l'île Helgoland. Nous pourrions choisir Husum, le centre de la Frise du Nord, pour nous reposer quelques jours. De cet endroit, il est facile de partir explorer les îles de la Frise septentrionale et les Halligen. Par beau temps, les nombreux plaisirs de la plage y retiendront les visiteurs pour un plus long séjour. Nous suivons ensuite la frontière germano-danoise jusque dans la région de Flensburg. Puis nous arrivons au château de Glücksburg et dans les paysages d'Angeln avant de rejoindre Kiel, la capitale de la région, via Eckernförde.
Après avoir visité les stations balnéaires de la baie de Kiel, nous partons admirer les beautés de la « Suisse du Holstein ». Notre voyage se termine à la côte Baltique sur l'île de Fehmarn avec une vue sur le pont de Fehmarnsund.

Die Doppeltürme der gotischen Marienkirche sind für Lübeck sehr stadtbildprägend. Mit dem Bau wurde Mitte des 13. Jahrhunderts begonnen, auf den Resten einer romanischen Backsteinbasilika. Der Bau fand seinen Abschluß mit der Errichtung der Turmhelme 1350/51. Nach einem Bombenangriff 1942 brannte die Kirche völlig aus, wurde aber bis 1956/57 komplett wiederhergestellt. Die ältesten Teile des Rathauses mit seinen hohen, mit Windlöchern versehenen Ziegelmauern stammen aus dem Jahr 1225.

The twin towers of the gothic Church of St. Mary dominates the Lübeck skyline. Dating from the early 13th century, it was built on the remains of an earlier romanesque brick basilica. The building was completed with the construction of the spires in 1350/51. The church was gutted by fire after being bombed in 1942 and was completely restored in 1956/57. The City Hall dates back to 1125.

Les deux tours de la Marienkirche de style gothique, dominent la physionomie de la ville. L'édifice fut édifié au milieu du 13e siècle sur les fondations d'une basilique romane en briques. Il fut achevé en 1350/51 avec la construction des deux clochers. Ravagée durant un bombardement en 1942, l'église a été complètement rebâtie en 1956/57. La plus ancienne partie de l'hôtel de ville date de 1225. Sa haute façade en briques est décorée d'ouvertures à vent.

Der Fischerhafen von Niendorf wurde 1922 am Austritt der Albeck aus dem Hemmelsdorfer See angelegt. Damit konnten Fischerei- und Badebetrieb voneinander getrennt werden. Bestimmend sind für den Hafen die Fischerboote, die Hering, Dorsch und Scholen einfahren. In unmittelbarer Nähe befindet sich ein großer Yachthafen. Der Ort Nyendorpe war 1385 im Besitz Lübecker Bürger und später mehrerer adeliger Grundherren und des Lübecker Domkapitels. 1803 kam Niendorf zum Herzogtum Oldenburg.

The Niendorf Fishery Harbour was built where the Albeck runs into Lake Hemmelsdorf in 1922 thereby separating fishery and seaside. Here we find the fishing boats which are used to catch herring, cod and plaice. Nearby lies a large yacht harbour. Starting life as Nyendorpe the town used to belong to Lübeck, but has been part of the Duchy of Oldenburg since 1803.

Le port de pêche de Niendorf fut aménagé en 1922 à l'endroit où l'Albeck quitte le lac de Hemmelsdorf. Les activités de la pêche étaient ainsi séparées de l'espace réservé à la baignade. Les bateaux rapportent notamment des harengs, des merluches et des carrelets. Un plus grand port de plaisance s'étend à proximité. En 1385, la localité Nyendorpe appartenait aux bourgeois de Lübeck. Plus tard, elle fut la possession de différentes familles nobles, puis du chapitre de Lübeck et finalement du duché d'Oldenburg à partir de 1803.

Travemünde ist wohl das bekannteste Seebad an der Lübecker Bucht; es hat heute internationalen Rang als Heilbad. Bekannt ist der Ort auch durch sein Spielkasino. Travemünde wird gerne als Tagungs- und Kongreßort gewählt und ist ein bedeutender Fährhafen für Skandinavien. Der Badeort entstand aus einer 1187 von Graf Adolf III. von Holstein an der Mündung der Trave errichteten Burg. Travemünde wurde 1320/29 mit Lübeck verbunden, auch heute noch ist der Ort Teil der Freien und Hansestadt Lübeck.

Travemünde is the best known seaside resort in the Lübeck Bay, and enjoys an international reputation as a health resort. It also has a casino. Travemünde is a favourite as conference and congress location and is an important ferry harbour for Scandinavia. The resort originated as a fort built by Earl Adolf III of Holstein on the Trave estuary. Travemünde was united with Lübeck in 1320/29 and is today part of the Free and Hanseatic City of Lübeck.

Travemünde, station balnéaire principale de la baie de Lübeck, est aussi un port d'embarquement vers la Scandinavie et un centre de thalassothérapie de réputation internationale. La ville, également connue pour son casino, est souvent choisie comme lieu de conférences ou de séminaires. Travemünde doit sa fondation à un fort construit en 1187 par le comte Adolf III à l'embouchure (Mündung) de la Trave. Elle fut réunie à Lübeck en 1320/29 et fait encore partie de la ville libre hanséatique.

In einem ehemaligen Gipsbruch ist dieses Frei-lichttheater mit 10 000 Plätzen eingerichtet. Es eignet sich besonders gut als Kulisse für die all-jährlich stattfindenden Karl-May-Festspiele. Der Segeberger Kalkberg (der eigentlich ein Gips-berg ist) mißt heute 91 Meter über dem Meeresspiegel. Er entstand in der Kreidezeit aus Meeresablagerungen. Früher hatte er ei-nen kegelförmigen Abschluß, auf dessen Spit-ze eine Burg erbaut wurde. Durch ständigen Gipsabbau hat sich die Gestalt stark verändert, bis man den Berg 1930 unter Schutz stellte und so eine weitere Zerstörung verhinderte.

This 10,000 seat open-air theatre is located in an old chalk quarry and is the home of the an-nual Karl May Western Festival. The Chalk Hill reaches 91 metres above sea-level. In earlier times it was higher and had a castle on top. In 1930 the hill was placed under a protection or-der to avoid it being further quarried away.

Ce théâtre en plein air de 10 000 places est aménagé dans une ancienne carrière de gypse. Il offre un décor idéal pour le festival annuel des Jeux de Karl May. Aujourd'hui, le massif gypseux de Segeberg culmine à 91 mètres au-dessus du niveau de la mer. Il a été créé par des alluvions durant la période crétacée. Autre-fois il avait un sommet arrondi sur lequel se dressait un château-fort. L'extraction continu-elle du gypse modifia beaucoup sa forme jus-qu'à ce qu'il devint site naturel protégé en 1930 pour stopper sa destruction.

Ratzeburg erhielt seinen Namen von dem Polabenfürsten Ratibor, abgekürzt Race. Die Burg des Fürsten, eines der mächtigsten Männer des 10. Jahrhunderts in dieser Region, bildeten den Kern der Stadt Ratzeburg; sie erhielt im 13. Jahrhundert das Stadtrecht. 1693 belagerte der dänische König Christian V. Ratzeburg und zerstörte die Stadt total. Nur der Dom, die Petrikirche und einige Häuser blieben stehen. Der Ort wurde dann in sechs quadratischen Gruppen völlig neu aufgebaut.

Ratzeburg got its name from Earl Ratibor, short form Race, one of the regions most important men in the 10th century. His castle formed the centre of Ratzeburg, which was awarded its city charter in the 13th century. The city was besieged and destroyed by King Christian V of Denmark in 1693. Only the Cathedral, St. Peter's Church and a few houses remained standing. The town was rebuilt in 6 quadratic sections.

Ratzeburg reçut son nom du prince Ratibor, qui fut abrégé en "Race". Le château du prince, un des hommes les plus puissants de la région au 10e siècle, formait le coeur de la ville. Elle reçut ses droits communaux au 13e siècle. Elle fut assiégée et entièrement dévastée par le roi danois Christian V en 1693. Seules, la cathédrale, l'église St Pierre et quelques maisons échappèrent à la destruction. La localité fut reconstruite selon un plan de six quartiers carrés.

Der Ratzeburger See gehört zur mecklenburgischen Seenplatte, ist 14 km² groß und bis zu 24 m tief. Er befindet sich am Ort einer tiefen Schmelzwasserrinne aus der letzten Eiszeit. Ihn umgeben steile, vorwiegend bewaldete Hänge. Ein Wanderweg führt an der Westseite des Sees entlang bis Buchholz, Poogez und Rothenhusen an der Nordseite. Vor Buchholz, Groß Sarau und Rothenhusen aus kann man mit dem Motorboot nach Ratzeburg und Lübeck fahren.

Lake Ratzeburg is part of the Mecklenburg Lake District, covers an area of 14 square kilometres and is up to 24 metres deep. It has steep mainly wooded sides. There is a ramblers path along the west side leading to Buchholz, Poogez and Rothenhusen. From Buchholz, Gross Sarau and Rothenhusen one can drive to Ratzeburg and Lübeck by motorboat.

Le lac de Ratzeburg, d'une superficie de 14 km² et d'une profondeur atteignant 24 mètres, fait partie de la palette des lacs du Mecklembourg. Il occupe une profonde dépression créée par la fonte des neiges durant la dernière ère glaciaire et est entouré de versants abrupts, boisés pour la plupart. Un sentier de randonnée suit la rive occidentale du lac jusqu'à Buchholz, Poogez et Rothenhusen sur la rive nord. De Buchholz, Gross Sarau et Rothenhusen, des vedettes emmènent à Ratzeburg et Lübeck.

Mölln gehört zu den besonders schönen Städten in Schleswig-Holstein. Die Einfügung der Backsteinhäuser mit roten Ziegeldächern in die üppig grüne Umgebung und die erhöhte, auf dem Eichberg gelegene St.-Nikolai-Kirche geben dem Ort einen besonderen Reiz. Die Stadt entstand aus am Ablauf der Stechnitz gelegenen Mühlenbetrieben, deshalb führt sie auch das Mühlenrad im Wappen. Wirtschaftlich war Mölln stark mit der Hansestadt Lübeck verknüpft und konnte so an deren Hochblüte im Mittelalter teilhaben.

Mölln is one of the most beautiful towns in Schleswig-Holstein. The view of the redbrick houses and their red pantile rooves amongst the green trees, and the Church of St. Nicholas on the Eichberg hill are particularly exciting. The towns name is derived from the earlier watermills on the Stechnitz and the town arms displays a millwheel. Mölln's richness in the Middle Ages came from its strong links with Lübeck.

Mölln est une des plus jolies villes du Schleswig-Holstein. Erigée sur l'Eichberg, l'église Saint-Nicholas domine les maisons en briques aux toits de tuiles rouges, nichées dans un écrin de verdure luxuriante. L'ensemble compose un tableau ravissant. La ville est née grâce aux moulins qui autrefois tournaient sur la Stechnitz, ce dont témoigne la roue de moulin dans ses armoiries. Mölln entretenait des liens commerciaux étroits avec la ville hanséatique de Lübeck et profita de sa haute période de prospérité au Moyen Age.

Dieses Herrenhaus mit allen Attributen eines Schlosses, erbaut von J. P. Heumann, wurde im Jahre 1736 fertiggestellt. Es ist als Dreiflügelanlage konzipiert, mit breit angelegter Allee und einem großen Park. Die Seitenflügel sind durch kleine Zwischentrakte mit dem Haupthaus verbunden. Wotersen ist Privatbesitz und leider nicht zu besichtigen. Viele kennen das Herrenhaus als Kulisse der Fernsehserie "Die Guldenburgs".

This country house, which displays all the attributes of a typical schloss was built by J. P. Heumann and completed in 1736. It has three wings with a broad avenue and a large park. It is original in that the side wings are connected to the main house by small tracts. The schloss is privately owned and not open to viewing. It gained recent fame as the location for the TV series "The Guldenburgs".

Entourée de larges allées et d'un vaste parc, cette demeure magnifique, possédant tous les attributs d'un château, fut construite sur les plans de J. P. Heumann et achevée en 1736. Son architecture est intéressante: de petits bâtiments relient les deux ailes latérales au corps de logis principal. Wotersen est une résidence privée et ne peut être visitée. Mais elle est bien connue car elle a servi de cadre à la série télévisée allemande: "les Guldenburg".

Lauenburg ist eine alte Elbschifferstadt. Herzog Bernhard I. errichtete im Jahre 1182 am Steilufer der Elbe eine Burg. In ihrem Umfeld entstand Lauenburg und erhielt gegen 1260 das Stadtrecht. Ein entscheidendes Datum in der Geschichte der Stadt ist der Bau des Stechnitzkanals 1391/98, der zu einem der wichtigsten Transportwege für das aus Lüneburg kommende Salz wurde. Nachdem im Jahre 1417 dem Lauenburger Schifferamt das Privileg zugesprochen wurde, für den Weitertransport von Waren nach Hamburg zu sorgen, erlebte die Stadt eine bedeutende Blüte. Die

Lauenburg is an old Elbe river port. Duke Bernhard I built a castle on the steep bank of the Elbe in 1182 and the later town received its charter around 1260. A decisive date in the history of the town is 1398 when the Stechnitz Canal was completed. This canal was important for the transport of salt from Lüneburg to the sea. In 1417 the Lauenburger Shipping Office was granted the privilege of transporting goods further to Hamburg thereby increasing the wealth of the town. The barges which transported the salt were mainly horsedrawn, up to 18 metres long and could carry about

Lauenburg est un vieux port de l'Elbe. Le duc Bernhard Ier bâtit d'abord un château-fort sur une rive abrupte de l'Elbe en 1182. Lauenburg se développa dans ses environs et reçut ses droits communaux en 1260. La construction du canal de Stechnitz en 1391/1398 qui allait devenir une voie de transport importante pour le sel venant de Lunebourg, fut une date décisive dans l'histoire de la ville. En 1417, elle reçut le privilège de transporter des marchandises jusqu'à Hambourg, ce qui lui valut la prospérité ainsi qu'en témoignent les belles maisons des 16e et 17e siècles de la rue dite

Schiffe, die das Salz transportierten, wurden meist von Pferden gezogen, die auf den "Treidelstiegen" am Ufer liefen. Bis 18 Meter Länge maßen diese Transportkähne, und jeder von ihnen faßte etwa zehn Tonnen Salz. Die Schiffe waren von Lauenburg bis Lübeck mehrere Tage unterwegs und mußten viele Schleusen passieren. Viele Häuser der für die Stadt prägenden Elbstraße wurden im 16. und 17. Jahrhundert errichtet. In Lauenburg gibt es ein Elbschiffahrtsmuseum und eine weitere Schifffahrtsattraktion, den noch in Betrieb befindlichen Raddampfer "Kaiser Wilhelm".

ten tons. The journey from Lauenburg to Lübeck took several days and many locks had to be navigated. Many of the houses on the Elbstrasse were built in the 16th and 17th centuries. In Lauenburg we can visit the Museum of Elbe Shipping and the wheel steamer "Kaiser Wilhelm".

Elbstrasse. La plupart des bateaux qui transportaient le sel étaient tirés par des chevaux depuis les rives. Ces péniches mesuraient jusqu'à 18 mètres de long et pouvaient contenir dix tonnes de sel. Leur parcours entre Lauenburg et Lübeck durait plusieurs jours et il leur fallait passer de nombreuses écluses. A Lauenburg, on visitera le musée de la navigation sur l'Elbe avant de faire une excursion sur le bateau à aubes "Kaiser Wilhelm".

Das Schloß wurde im Renaissancestil nach dem Vorbild des Glücksburger Wasserschlosses für den Grafen Peter Rantzau errichtet (1594-98). Es besitzt einen fast quadratischen Grundriß und liegt heute in einem schönen Park, den man Mitte des vorigen Jahrhunderts anlegte. Typisch für den Bau sind die vier Ecktürme und Schweifgiebel an der Nord- und Südseite. Schloß Ahrensburg wurde 1759 von dem Kaufmann und späteren dänischen Minister und Grafen Carl Schimmelmann erworben. Heute ist ein Verein Eigentümer, der das Schloß als Museum führt.

This renaissance-style schloss was built for Earl Peter Rantzau (1594-98) based on the design of the moated castle at Glücksburg. It has an almost square groundplan and today stands in a beautiful park which was laid out in the middle of the last century. Typical for this building style are the four corner towers and the gables on north and south sides. Schloss Ahrensburg was bought by the Danish minister Earl Carl Schimmelmann in 1759 and is now a museum.

Le château Renaissance fut construit en 1594-98 sur le modèle du château entouré de douves de Glücksburg pour le comte Peter Rantzau. L'édifice de forme presque carrée présente une architecture intéressante avec ses quatre tours d'angles surmontées de pignons échancrés. Il est aujourd'hui entouré d'un joli parc aménagé au milieu du siècle dernier. Le comte Carl Schimmelmann, marchand et plus tard ministre au Danemark, acheta Ahrensburg en 1759. A l'heure actuelle, il est la propriété d'une association qui l'a transformé en musée.

"Vierlande" wird eine Flußmarschenregion genannt, die, im Elbeurstromtal gelegen, sich südöstlich von Hamburg befindet. Durch die Vierlande hindurch fließen die Dove-Elbe und die Gose-Elbe. Sie bilden im Marschenland drei längliche Inseln, die durch Deiche gegen Überflutung geschützt sind. Vom 12. Jahrhundert an wurden die Vierlande von meist niedersächsischen Bauern entwässert und bewirtschaftet. Die vielen Marschhufendörfer mit ihren gut gepflegten Fachwerkhäusern sind charakteristisch für dieses bedeutende Gemüseanbaugebiet.

"Vierland" is the name of a river marsh region in the original Elbe valley southeast of Hamburg. The Dove-Elbe and the Gose-Elbe rivers run through it creating three long islands which are protected against flooding by dykes. From the 12th century on the Vierlande was mainly drained and farmed by Lower Saxons. The many marshbank villages with their typical tidy half-timbered houses are typical for this vegetable-growing area.

Les "Vierlande" sont une région fertile d'anciens marais (Marschen), située dans la vallée primaire de l'Elbe, au Sud-Est de Hambourg. Traversant les Vierlande, la Dove-Elbe et la Gose-Elbe dessinent trois longues îles protégées par des digues dans le paysage de Marschen. Dès le 12e siècle, les Vierlande furent asséchées et cultivées par les paysans de Basse-Saxe. Avec leurs belles maisons à colombages, les villages bâtis en fer à cheval sont typiques de cette région où abondent les cultures maraîchères.

Diese Rolandfigur steht auf dem Markt von Wedel und ist das Wahrzeichen der Stadt. 1558 errichtet, dient er als Symbol für Marktgerechtigkeit. Der Ort wurde 1212 erstmalig genannt und erhielt 1875 das Stadtrecht. Wedel war vom 15. bis 18. Jahrhundert der bedeutendste Marktort für den Ochsenhandel in Norddeutschland. - Das Herrenhaus in Haseldorf ist ein eingeschossiges Putzgebäude in klassizistischem Stil. Es wurde 1804 von C. F. Hansen entworfen. Etliche Nebengebäude - Backsteinbauten - stammen aus dem 18. und 19. Jahrhundert.

This statue of Roland stands in the market square in Wedel. Set up in 1558 it symbolizes market fairness. It is also the symbol figure for the town which although first mentioned in 1202 only received its charter in 1875. Wedel was the most important cattlemarket in North Germany from the 15th to 18th centuries. This classical county house in Haseldorf was designed in 1804 by C. F. Hansen and the remains of an earlier castle can be found in its grounds.

Erigée en 1558 sur la place du Marché, le statue de Roland est l'emblème de Wedel et symbolise l'équité dans le commerce. La ville, mentionnée pour la première fois en 1212, n'a obtenu ses droits communaux qu'en 1875. Elle était pourtant le plus important marché aux bestiaux d'Allemagne du Nord entre les 15e et 18e siècles. - La gentilhommière de Haseldorf fut construite dans le style néo-classique par C.F. Hansen en 1804. Les nombreux communs bâtis en briques, datent des 18e et 19e siècles.

An dem Flüßchen Krückau in der Haseldorfer Marsch liegt die Stadt Elmshorn. Der Ort wurde im Jahre 1141 erstmalig erwähnt; er entstand an einem günstigen Punkt entlang einer alten Handelstraße und an einem für Schiffe mittlerer Größe befahrbaren Nebenfluß der Elbe. Zunächst gehörte der Ort den Grafen von Schaumburg, später dem Hause Gottorf und den Grafen von Rantzau. 1878 erhielt das um zwei weitere Flecken erweiterte Elmshorn Stadtrecht und nahm schnell an Größe zu, besonders wegen des schon früh angelegten Bahnknotenpunktes.

The town of Elmshorn lies on the small Krückau River in the Haseldorf Marsh. First mentioned in 1141, the town grew up at a favourable spot along an old trade route where medium-sized ships could navigate the Elbe. The town first belonged to the Earls Schaumburg, later the House of Gottorf and the Earls of Rantzau. Elmshorn received its charter in 1878 and expanded rapidly, mainly to the early railway junction.

La ville d'Elmshorn s'étend sur une berge de la rivière Krückau dans la contrée dite Haseldorfer Marsch. Mentionnée pour la première fois en 1141, la localité fut fondée à un endroit stratégique, au carrefour d'une route de commerce et d'un affluent de l'Elbe navigable pour les navires de tonnage moyen. Elle appartint d'abord aux comtes de Schaumburg, puis à la maison Gottorf et finalement aux comtes de Rantzau. Agrandie de deux villages, Elmshorn reçut ses droits communaux en 1878 et se développa rapidement, notamment grâce au chemin de fer qui y arriva très tôt.

Der dänische König Christian IV. (1577-1648) brauchte im Lande einen Hafen, denn Tönning und Husum gehörten den Gottorfer Herzögen. So gründete er 1616 Glückstadt in der Kremper Marsch, an der Mündung des Rhin in die Unterelbe gelegen. Die Stadt wurde nach niederländischem Vorbild auf geometrischem Grundriß mit Kanälen und Wällen errichtet. Glückstadt war im 18. und 19. Jahrhundert ein Walfängerhafen und kam zu einer regionalen Blüte. Gegen die Wirtschaftsmacht Hamburgs konnte die Stadt jedoch nicht viel ausrichten.

King Christian IV of Denmark (1577-1648) needed an inland port as Tönning and Husum belonged to the Gottorf Dukes. He also wanted to compete with Hamburg and therefore founded Glückstadt in 1616. Located in the Kremper Marsch at the mouth of the Rhin in the lower Elbe, the town was built along Dutch lines with geometrical plan and a series of canals and embankments. A whaling port in the 18/19th centuries, Glückstadt was never serious competition for Hamburg.

Le roi danois Christian IV (1577- 1648) avait besoin d'un port dans le pays car Tönning et Husum apparteraient aux ducs de Gottorf. Par ailleurs, il désirait faire concurrence à Hambourg. Aussi fonda-t-il Glückstadt en 1616 dans la contrée dite Kremper Marsch au confluent de la rivière Rhin et de l'Elbe. La ville fut construite comme les villes hollandaises, selon un plan géométrique avec des canaux et des remblais. Aux 18e et 19e siècles, elle était un port de pêche à la baleine, connut une certaine prospérité, mais ne put jamais lutter contre la puissance économique de Hambourg.

Auch in dem heute von Rheuma-Kurstätte bestimmten Ort finden wir eine Rolandfigur im Zentrum. Mit erhobenem Schwert und bekleidet mit römisch anmutendem Kampfesdreß wacht er seit 1693 darüber, daß auch alles rechtens zugehe. Die Bedeutung der in vielen norddeutschen Städten vorhandenen Rolandstatuen ist nicht genau bekannt, auch wenn klar ist, daß sie im weitesten Sinne etwas mit dem Marktrecht zu tun haben. - Die Laurentiuskirche im Hof des ehemaligen Zisterzienserinnenklosters ist für das 1238 mit Stadtrecht versehene Itzehoe an der Stör stadtbildprägend.

This town, famous as a health resort for rheumatism sufferers, also has a Roland statue in its centre. Since 1693 he has stood in his roman-style clothing and with raised sword to ensure that everything is done fairly. Noone knows the real meaning of the Roland statues to be found in so many North German towns although they are connected with market fairness. - The Laurentius Church in the Cistercian Monastery Garden dominates Itzehoe whose charter dates from 1238.

Une statue de Roland est également érigée au centre de Bad Bramstedt, station thermale spécialisée dans les maladies rhumatismales. Epée levée et revêtu d'une tunique romaine, le héros veille sur la ville depuis 1693. De nombreuses villes d'Allemagne du Nord possèdent un monument de Roland. On n'en connaît pas la signification exacte, sinon qu'ils ont un rapport avec le commerce. - L'église St Laurent d'un ancien cloître de Cisterciennes domine la ville d'Itzehoe qui reçut ses droits communaux en 1238.

Dieser prachtvolle Herrensitz wurde von Johann Rantzau ab 1530 auf einer kleinen Geestinsel angelegt und von seinem Sohn Heinrich Rantzau 1565-69 ausgebaut. Wir können leider heute nur noch die gotische Schloßkapelle und einen Hofbrunnen besichtigen. Die anderen Gebäude des Schlosses Breitenburg wurden 1627 durch Wallensteins Truppen zerstört und später durch Neubauten ersetzt. Die Anlage ist von hohen Bäumen umgeben und hat in ihrer Nähe eine großzügige Parkanlage.

This delightful country house was built by Johann Rantzau on a small geest island in 1530 and extended by his son Heinrich from 1565-69. Only the gothic chapel and a courtyard fountain can be seen today as the rest of the schloss was destroyed by Wallenstein's troops in 1627 and replaced by new buildings. The house is surrounded by high trees and has a large park nearby.

Cette magnifique gentilhommière bâtie sur une petite île morainique est une oeuvre de Johann Rantzau. Commencée en 1530, elle fut agrandie par le fils de l'architecte en 1565-69. De cette époque, il ne reste malheureusement que la chapelle gothique et une fontaine dans la cour d'honneur. Ravagés par les troupes de Wallenstein en 1627, les autres bâtiments du château de Breitenburg furent plus tard remplacés par de nouveaux édifices. Un beau parc s'étend à proximité.

Die Wilstermarsch als Landschaft zwischen der Stör und dem Nord-Ostsee-Kanal wurde nach dem Mittelalter trockengelegt und ist durch Deiche gegen eindringendes Meerwasser geschützt. Der Ort Wilster liegt nur 0,5 m über dem Meeresspiegel. Er wird als Kirchdorf 1164 erstmalig erwähnt und erhielt 1282/83 das Stadtrecht. Der die Stadt einst durchquerende Arm der Wilsterau wurde zugeschüttet; an dem dort später angelegten Weg kann man den alten Flußlauf noch recht gut verfolgen.

The Wilster Marsh between the Stör and the Kiel Canal was drained in the Middle Ages and is protected from the seawater by dykes. Wilster is only 0.5 metres above sea level. First mentioned as a church village in 1164 it received its charter in 1282/83. The Wilsterau which used to flow through the town was filled in and its path is now marked by a later lane.

La contrée dite Wilstermarsch qui s'étend entre la Stör et le canal Nord-Est fut asséchée et protégée de la mer par des digues au Moyen Age. Wilster n'est qu'à 0,5 mètres au-dessus du niveau de la mer. La localité est mentionnée pour la première fois en 1164. Elle reçut ses droits communaux en 1282/83. Un bras de la Wilsterau qui autrefois traversait la ville a été remblayé. On reconnaît bien l'ancien cours de la rivière sur le chemin qui fut tracé plus tard.

Diese Wasserschöpfmühle, eine Bockmühle mit Steert, ist die letzte dieser Art in Schleswig-Holstein. Einst gab es in der Marsch sehr viele dieser Mühlen. Sie eigneten sich sehr gut für Entwässerungsmaßnahmen und standen vorwiegend an den Hauptgräben, die das Land gitterartig durchzogen. Es muß sehr schön ausgesehen haben, wenn die Mühlenflügel sich im Winde drehten und eine Mühle mit der nächsten Zwiesprache zu halten schien. Das letzte erhaltene Bauwerk dieser Art steht heute zwischen Wilster und Itzehoe am Honigfleth.

This windmill, the last of its kind in Schleswig-Holstein was for drawing water and was well suited for drainage projects. Many mills used to stand along the main canals and it must have been a beautiful sight as the arms turned and the mills seemed to speak to one another. This last remaining Bock mill is located on the Honigfleth between Wilster and Itzehoe.

Ce moulin de drainage qui se dresse entre Wilster et Itzehoe est le dernier en son genre dans le Schleswig-Holstein. Autrefois, les paysages des Marschen étaient parsemés de ces moulins qui servaient à assécher le sol et jalonnaient les fossés dont la région était quadrillée. Quel joli tableau cet endroit a dû offrir quand les ailes des moulins tournaient à l'unisson et semblaient se murmurer des histoires dans le frissonnement du vent.

Brunsbüttel bestand ursprünglich aus mehreren kleinen Ortschaften, darunter auch Brunsbüttelkoog. Brunsbüttel als Stadt gibt es erst seit 1970; sie ist stark durch den Schleusenhafen des Nord-Ostsee-Kanals geprägt. Das Schleusenbecken sollte unbedingt besichtigt werden. Es gibt zwei Doppelschleusen, die den intensiven Schiffsverkehr bewältigen. Das ist keine leichte Aufgabe, denn der Nord-Ostsee-Kanal ist die am meisten befahrene Wasserstraße der Welt. Über 50 000 Schiffe passieren ihn jährlich, um den Weg von der Nord- zur Ostsee und umgekehrt zu verkürzen.

Brunsbüttel was originally several small villages including Brunsbüttelkoog. Brunsbüttel has only existed as a town since 1970 and is dominated by the locks of the Kiel Canal. The lock pools must be seen. There are two double locks to cope with the intensive maritime traffic. Over 50,000 ships pass through every year between the North Sea and the Baltic and vice versa. There is an exhibition at the locks showing the history of the Canal.

Brunsbüttel est née de la réunion de plusieurs petites localités dont Brunsbüttelkoog. Elle n'existe que depuis 1970 en tant que ville. Les écluses du canal Nord-Est y jouent un rôle important. Il faut absolument visiter les deux écluses doubles que traverse un trafic intense. Le canal est la voie navigable la plus fréquentée du monde. Chaque année, plus de 50 000 bateaux l'empruntent pour raccourcir le trajet entre la mer du Nord et la Baltique. Près des écluses, une exposition raconte l'histoire et l'aménagement du canal.

Der Ort ist ursprünglich als Hafen für den Friedrichskoog angelegt worden, den man 1853/54 eingedeicht hatte. Durch Anlage eines Deiches im Jahre 1934/35 wurde Friedrichskoog ein Binnenhafen. Heute ist der Dieksanderkoog der Stadt vorgelagert. Beherrschend für den Hafen sind die vielen Kutter, die in dem länglichen Hafenbecken ihre Liegeplätze haben. Aus dem Fischerdorf ist ein Ferienort inmitten eines sehr reizvollen Urlaubsgebietes an der Westküste geworden.

The town was originally laid out as the harbour for Friedrichskoog which had been dyked in in 1853/54. A later dyke built in 1934/35 made Friedrichskoog an inland harbour and Dieksanderkoog lies before the town. The many cutters moored in the long basin dominate the harbour. Today the fishing village is a tourist resort in the middle of the westcoast holiday region.

L'endroit fut originairement aménagé comme port pour Friedrichskoog que l'on endigua en 1853/54. Friedrichskoog devint un port fluvial après la construction d'une digue en 1934/35. Aujourd'hui, Dieksanderkoog s'étend devant la ville. De nombreux chalutiers sont amarrés dans le long bassin portuaire. Le port de pêcheurs est devenu également une station balnéaire au cœur d'une région de villégiature très agréable.

Von Friedrichskoog aus gelangt man bald zum Trischendamm, der sich über zwei Kilometer ins Wattenmeer erstreckt und von dem aus man die Vogelinsel Trischen sehen kann. Küste und Watt laden zu Wanderungen ein, die viele eindrucksvolle Naturerlebnisse vermitteln und einen Eindruck von der Bedeutung des Nationalparks Schleswig-Holsteinisches Wattenmeer verschaffen. In den Gaststätten und Restaurants in und um Friedrichskoog werden besonders Fischspezialitäten angeboten. Miesmuscheln gelten zu bestimmten Jahreszeiten als besondere Delikatesse.

From Friedrichskoog it is not far to the Trischen Causeway which stretches two kilometres into the Wattenmeer and from where the Trischen Bird Island can be seen. The coast and the shallows invite us to ramble and get an impression of the importance of the Schleswig-Holstein Wattenmeer National Park. The pubs and restaurants around Friedrichskoog offer special fish dishes. Mussels in season are considered to be a special delicacy.

En partant de Friedrichskoog, on arrive rapidement à la digue du Trischendamm qui s'étend sur plus de ceux kilomètres dans les Watten (vastes étendues de vase et de sable) et de laquelle on peut voir l'île aux oiseaux de Trischen. La côte et les Watten invitent à la promenade, à la découverte de la nature insolite que l'on trouve dans le parc national des Watten de Schleswig-Holstein. Les auberges et restaurants de Friedrichskoog et ses environs offrent les spécialités du pays: délicieux plats de poissons et de moules en saison.

Die Stadt Meldorf in Dithmarschen hat sich auf einem hochliegenden Geestsporn gebildet, und zwar auf dem Gelände einer germanischen Thingstätte. Meldorf erhielt zwischen 1227 und 1259 das Stadtrecht und war die Hauptstadt Dithmarschens, bis sie 1559 das Stadtrecht einbüßte und damit an Bedeutung verlor. Erst im Jahre 1869, nach der Übernahme auch Dithmarschens durch Preußen, wurde das Stadtrecht erneuert. Die Marschwiesen, die Meldorf vorgelagert sind, bieten das ganze Jahr über viele Naturerlebnisse und interessante Perspektiven.

The town of Meldorf in Dithmarschen is located on a geest plateau on the site of a Germanic council site. Meldorf received its charter between 1227 and 1259 and was the capital of Dithmarschen until t lost its charter in 1559 and consequently lost its importance. It regained its charter as the Prussians took over Dithmarschen in 1869. The marsh meadows lying before Meldorf offer a variety of natural delights and are particularly worth seeing in the light of dawn or dusk.

Meldorf dans la contrée dite Dithmarschen s'est développée sur un éperon de moraines à l'emplacement d'un ancien lieu de culte germanique. Elle reçut ses droits communaux entre 1227 et 1259 et fut la capitale prospère de la région jusqu'à ce qu'elle perde son droit de cité en 1559. Elle ne l'obtint de nouveau qu'en 1869 après que la Prusse prit possession des Dithmarschen. La ville est entourée de splendides paysages de marais et prairies où l'on découvre une nature préservée.

Die Kirche in Meldorf, der "Dom" der Dithmarscher, entstand um 1250-1300 als frühgotische Backsteinbasilika. Sie ist als wuchtiger Bau schon von weitem sichtbar und wohl das bedeutendste Gebäude Meldorfs, an einem großzügig angelegten und schön gestalteten Marktplatz gelegen. Sehr interessant ist auch das Meldorfer Museum, das aus mehreren Abteilungen besteht und unter anderem ein komplett eingerichtetes Bauernhaus vorzuweisen hat, in dem man sich ein gutes Bild von vergangenen Strukturen der bäuerlichen Kultur Dithmarschens machen kann.

The Meldorf Church, the "cathedral" of the Dithmarscher people, was built as an early gothic brick basilica around 1250-1300. This is the most important building in Meldorf and is visible from afar as one approaches the town. It is located in a spacious market square. The Meldorf Museum is very interesting and has many departments including a fully reconstructed farmhouse where one can get a good picture of what rural life must have been like in Dithmarschen.

L'église de Meldorf, le "Dithmarscher Dom" est un bel édifice en briques de style gothique érigé vers 1250-1300. Elle domine la physionomie de la ville et borde une très jolie place de Marché. Intéressant également est le musée de Meldorf regroupant plusieurs édifices dont une ferme entièrement aménagée qui donne une impression globale de la culture et des structures rurales anciennes dans la région des Dithmarschen.

Vom Büsumer Hafen aus fahren Schiffe zur Felseninsel Helgoland und in die nordfriesische Inselwelt. Angelfreunde lieben Hochseefahrten mit entsprechend ausgerüsteten Schiffen. Die Krabbenkutter mit dem typischen Ladegeschirr geben dem Hafen eine malerische Kulisse, und für Binnenländer ist es immer wieder erstaunenswert zu sehen, wie zur Ebbe alle sechs Stunden das Wasser einfach "verschwindet". 1987 wurde Büsum 150 Jahre alt. Es ist heute ein Seeheilbad, wo man sich Meerwassertrinkkuren, Schlickbäder und andere Anwendungen zugute kommen lassen kann.

Ships sail from Büsum to the North Frisian islands and the island of Helgoland, or for sea-fishing trips. The shrimping boats give the harbour a picturesque backdrop and landlubbers are always amazed at how the water simply "disappears" with the tide every six hours. Büsum celebrated its 150th anniversary in 1987. It is now a health resort offering salt-water and mud cures amongst other recuperative measures.

Les bateaux partent du port de Büsum pour l'île rocheuse d'Helgoland et le monde des îles de la Frise septentrionale. Les amateurs de pêche en haute mer peuvent embarquer sur des chalutiers bien équipés. L'arrivée des bateaux rapportant les crabes crée une joyeuse animation sur le port. Toutes les six heures, à la marée, on peut observer le spectacle étonnant de la mer qui "disparaît". Büsum a fêté son 150e anniversaire en 1987. Elle est aujourd'hui un centre de thalassothérapie offrant des cures d'eau de mer, des bains de boue et autres traitements bienfaisants.

1434 trafen sich in Heide erstmalig die bedeutenden Repräsentanten der Bauernrepublik Dithmarschen. 1447 wurde die Stadt Zentrum der Landesversammlung. In der "letzten Fehde" besiegte bei Heide das Heer der Schleswig-Holsteinischen Herzöge im Jahre 1559 die Truppen der Dithmarscher Bauern. Die Kirche St. Jürgen stammt aus der Spätgotik und zeigt noch heute schöne aus der Spätrenaissance stammende Baudetails wie die Türen und die Kanzel.

In 1434 the most important representatives of the Peasant Republic of Dithmarschen met in Heide. In 1447 the town became the seat of the state parliament. In the "last fued" of 1559 the troops of the Dithmarsch peasants were defeated by the Dukes of Schleswig-Holstein. The original meeting place of the Dithmarsch peasants is today one of the largest market squares in North Germany. The Church of St. Jürgen is late gothic and has beautiful late renaissance doors and chancel.

C'est à Heide qu'eut lieu la première rencontre en 1434 des représentants de la République paysanne des Dithmarschen. La ville devint siège du "Parlement" en 1447. L'armée des ducs de Schleswig-Holstein vainquit définitivement les troupes des paysans des Dithmarschen près de Heide en 1559. La place du Marché de la ville, une des plus grandes d'Allemagne, était le lieu de rencontre des paysans. L'église Saint-Georges est un édifice de style gothique tardif avec de beaux éléments Renaissance comme les portails et la chaire.

Wesselburen entstand als Warftensiedlung, war praktisch eine Insel inmitten einer von Prielen durchzogenen Marschenlandschaft. Erst die Eindeichung der Nordermarsch im 11. oder 12. Jahrhundert machte Wesselburen zu Festland. Der große Markt wird durch die St. Bartholomäus-Kirche bestimmt. Sie entstand 1737/38 nach einem Brand der spätgotischen Vorgängerin. Der Heider Zimmermeister Johann Georg Schott errichtete sie im barocken Stil und bezog dabei die stehengebliebenen Mauerreste mit ein. Eine Besonderheit ist der Glockenturm mit Zwiebelspitze.

Wesselburen arose as a settlement and stood like an island in the middle of a marsh landscape crisscrossed by channels. First the building of the dykes around the Nordermarsh in the 11th or 12th centuries made Wesselburen to part of the mainland. The large marketplace is dominated by St. Bartholomews Church which was built in 1737/38. Built in baroque style by Johann Georg Schott it incorporates parts of the walls of its predecessor. It is noted for its belltower.

Wesselburen fut d'abord une petit hameau qui occupait une croupe au coeur d'une région sillonnée de chenaux. La localité ne fut rattachée à la terre ferme qu'après l'endiguement du marais dit Nordermarsch aux 11e et 12e siècles. L'église St Bartholomy de style baroque domine la place du Marché. Elle fut construite en 1737/38 par le maître d'oeuvre Johann Georg Schott, un enfant du pays, sur l'emplacement de la précédente église gothique qu'un incendie avait ravagée.

Die Hafenstadt Tönning ist schon von ferne an dem barockisierten Turm der St. Laurentius-Kirche zu erkennen, der sich hoch über die Eiderstedter Marschenlandschaft erhebt. Wie in vielen anderen Nordseehäfen auch ist in Tönning eine Krabbenkutterflotte zu Hause. Von Tönning aus erreicht man schnell das imposante Eidersperrwerk, und eine Ausflugs-fahrt auf der ruhig fließenden Eider kann sich anschließen. Tönning besitzt ein schönes Stadtbild mit vorwiegend zweigeschossigen Häusern aus dem 16., 17. und 18. Jahrhundert.

The port of Tönning is easily recognizable from afar as the baroque style tower of St. Lauren-tius Church rises up high above the Eiderstedt countryside. Tönning is, as with many North Sea ports, home to a shrimping fleet although with the increase in tourism we find more and more leisure craft here. From Tönning it is easy to reach the impressive Eider Dam and an excursion on the gently flowing River Eider is to be recommended. Tönning has many hou-ses dating from the 16th to 18th centuries.

On reconnaît de loin la ville portuaire de Tön-ning à la tour baroque de l'église Saint-Laurent qui domine le paysage des Marschen d'Eider-stedt. Comme dans beaucoup de ports de la mer du Nord, celui de Tönning abrite une flotte de chalutiers spécialisés dans la pêche aux crabes. Près de Tönning, s'élève le barrage imposant de l'Eider, un cours d'eau paisible qui offre d'agréables excursions en bateau. Dans la ville, on peut admirer de nombreuses maisons des 16e, 17e et 18e siècles.

Am breiten Sandstrand von St. Peter-Ording finden wir dieses Holzhaus aus Pfählen, das andeutet, wie hoch mitunter (meist im Winter) die Flut steigen kann. Der Ort ist nicht nur Nordseeheilbad, sondern auch ein hervorragender Ferienort für Familien mit Kindern. Im Eiderstedter Heimatmuseum inmitten des alten Dorfkerns von St. Peter erfahren wir viel über die Geschichte der Halbinsel, besonders zu Wohnkultur und Mobiliar sowie zur frühgeschichtlichen Entwicklung Eiderstedts. Das Museum ist in einem ehemaligen Eiderstedter Bauernhaus mit Reetdach untergebracht.

On the wide sand beach of St. Peter-Ording we find this wooden building standing on high-piles which shows us how high the sealevel can rise (almost in winter). The town is a health resort and a favourite family seaside resort. We can learn much of the peninsulas history at the Eiderstedt Homeland Museum in the middle of the town. The museum is housed in an old thatched Eiderstedt farmhouse.

La mer peut monter très haut, surtout en hiver. C'est pourquoi cette cabane en bois sur la plage de St-Peter-Ording est bâtie sur pilotis. La station balnéaire n'est pas seulement un centre thalassothérapique, mais aussi un endroit de villégiature idéal pour les familles. Une ancienne ferme au toit de roseau, typique pour la contrée d'Eiderstedt, abrite le musée folklorique situé au cœur du vieux quartier de St-Peter. Il raconte la préhistoire et l'histoire de la presqu'île et offre un aperçu de la vie de ses habitants.

Das Wahrzeichen von Westerhever ist der sich mit zwei Wärterhäuschen malerisch präsentierende 41,5 m hohe Leuchtturm. Der Ort liegt im Nordwesten der Halbinsel Eiderstedt. In der Kirche finden wir den einzigen romanischen Taufstein der Region. - Eine Fahrt zur Felseninsel Helgoland sollte man sich als Schleswig-Holstein-Reisender unbedingt gönnen. Die aus Buntsandstein bestehende Insel ist unter Wasser mit der Halbinsel Eiderstedt verbunden. Noch bis 1720 hing die aus Muschelkalk bestehende Düne - die Badeinsel Helgolands - mit dem Buntsandsteinfelsen zusammen.

Westerhever, in the northwest of the Eiderstedt Peninsula, is noted for its 41.5 metre high lighthouse which is flanked by two keepers' houses. The local church has the only romanesque font in the region. - Every visitor to Schleswig-Holstein should make the boat trip to Helgoland, even when it is choppy. The colourful sandstone island is connected underwater to the Eiderstedt Peninsula.

Haut de 41,5 mètres, le phare de Westerhever est le symbole du pittoresque village côtier qui se niche au Nord-Ouest de la presqu'île d'Eiderstedt. Son église renferme les uniques fonts baptismaux romans de la région. - Un séjour dans le Schleswig-Holstein ne serait pas complet sans une visite à Helgoland. L'île formée de rochers de grès, est encore reliée à la presqu'île Eiderstedt dans les profondeurs marines. Les dunes de calcaire conchylien offrent des endroits abrités pour la baignade. Jusqu'en 1720, elles ne formaient qu'une masse avec les rochers de grès.

Diese auch "Venedig des Nordens" genannte Stadt liegt an der Mündung der Treene in die Eider in der Eiderstädter Marsch. Friedrich III. von Schleswig-Holstein-Gottorf ließ die Stadt als regelmäßige Anlage mit gitterförmigem Grundriß für niederländische Remonstranten anlegen. An dem großen quadratischen Parkplatz stehen Häuser im Stil der niederländischen Renaissance. Die dort angepflanzten Linden sind als stadtgestalterisches Element geplant gewesen. Friedrich III. hatte gehofft, daß sich Friedrichstadt zu einem neuen Mittelpunkt des Nordseehandels entwickeln würde.

This town on the Eicerstadt Marsh is known as the "Venice of the North" and stands at the point the Treene flows into the Eider. Founded by Friedrich III of Schleswig-Holstein-Gottorf the town was built for Dutch immigrants. Friedrich hoped that the port would develop into the new hub of North Sea trade but the deterioration of the shipping routes in the Eider estuary among other things meant that this dream was not to come true. The limetrees around the roomy square were part of the original town planning.

La ville appelée la "Venise du Nord" s'étend au confluent de la Treene et de l'Eider dans la contrée d'Eiderstadtmarsch. Frédéric III de Schleswig-Holstein-Gottorf fit construire la ville pour les Réformés hollandais. Des maisons de style Renaissance hollandaise bordent la grande place carrée, entourée de tilleuls. Le souverain avait espéré que Friedrichstadt se développerait en un centre de commerce important sur la mer du Nord. Mais cela ne se réalisa pas pour différentes raisons, entre autres, la détoriation des voies navigables à l'embouchure de l'Eider.

"Die graue Stadt am Meer", wie sie Theodor Storm nannte, ist heute kulturelles und wirtschaftliches Zentrum Nordfrieslands. Im Hafen herrscht lebhaftes Treiben; nicht nur die Ausflugsschiffe der Sommersaison fahren hier ab. In unmittelbarer Nähe der Altstadt gelegen, kann man vom Hafen aus zu Fuß wichtige Punkte der Stadt erreichen: Theodor-Storm-Museum, Nissenhaus, Schloß vor Husum und den vor der klassizistischen Marienkirche angelegten Tinebrunnen von Adolf Brütt. In Husums Altstadt finden wir auch noch einige erhaltene Bürgerhäuser aus der Gotik.

The writer Theodor Storm called it "the grey town on the coast" and today Husum is the cultural and economic capital of North Frisia. There is always something going on in the harbour which is located in the middle of the old town and all the important parts of the town can be reached on foot: Theodor Storm Museum, Nissenhaus, Castle, St. Mary's Church and Adolf Brütt's Tine Fountain. There are several well preserved gothic stepped-gable houses in the town.

Husum, "la ville grise sur la mer" ainsi que la nommait l'écrivain Theodor Storm, est aujourd'hui le centre culturel et économique de la Frise septentrionale. Une animation intense règne dans le port où se côtoient bateaux de pêche et de plaisance. A quelques minutes du bord de mer, la vieille ville abrite les curiosités principales de Husum: le musée Theodor Storm, l'hôtel de ville dit Nissenhaus, le château, la fontaine d'Adolf Brütt devant l'église néo-classique et quelques belles maisons bourgeoises de style gothique.

Struckum liegt als typisches nordfriesisches Dorf in der Nähe der Kleinstadt Bredstedt. Dort befindet sich auch das "Nordfriisk Instituut", dessen Aufgabe die Pflege der friesischen Sprache ist. Daß dieses Institut hier angesiedelt wurde, hat damit zu tun, daß in der Umgebung von Bredstedt auch heute noch viel Friesisch gesprochen wird. Die Windmühle "Fortuna" in Struckum stammt aus dem Jahre 1806 und ist ein sogenannter "Keller-Holländer": die Mühle besitzt kein ebenerdiges Sockelgeschoß mit Galerie, sondern unter der Erde liegende Funktionsräume.

Struckum is a typical North Frisian village near Bredstedt. The "Fortuna" windmill in Struckum dates from 1806 and is a so-called "Cellar Dutch" mill. It does not possess the usual groundfloor and gallery but functional rooms underground. Bredstedt is home to the "Nordfriisk Instituut" which is concerned with all aspects the Frisian language.

Struckum, village typique de la Frise septentrionale est situé près de la petite ville de Bredstedt, un haut lieu de la culture et des traditions régionales. Elle abrite l'Institut de la Frise du Nord qui s'est donné pour tâche de conserver la langue frisonne, encore beaucoup parlée aux alentours de Bredstedt. Le moulin à vent "Fortuna" à Struckum date de 1806. Il possède une "cave hollandaise": les instruments qui l'actionnent se trouvent sous terre et non pas dans le moulin même.

Von Strucklahnungshörn aus finden Hallig- und Inselfahrten statt. Auch geht von hier aus die Fähre nach Pellworm ab. Die Insel Nordstrand ist durch einen 4 km langen Damm mit dem Festland verbunden. Er entstand in den Jahren 1933-35 und wird auch bei Hochwasser nicht überflutet. Nordstrand gehörte einst zu der großen Insel Strand, die 1634 in einer Sturmflut unterging. Da Nordstrand und Pellworm etwas höher als das Umland lagen, gelang es, diese Teile der alten Insel Strand wieder einzudeichen.

Trips to the halligs and islands start from Strucklahnungshörn as does the ferry to Pellworm. The island of Nordstrand is connected to the mainland by a 4km long causeway. It was built from 1933-35 and remains passable even at high tide. Nordstrand used to be part of the island of Strand which was destroyed by a storm flood in 1634. Since Nordstrand and Pellworm were somewhat higher it was possible to redyke these parts of the island.

Les bateaux pour les Halligen et les îles de la Frise septentrionale partent de Strucklahnungshörn. Depuis 1935, une digue de 4 kilomètres, praticable même à marée haute, relie Nordstrand à la terre ferme. Autrefois, Nordstrand était un morceau de la grande île de Strand qui fut engloutie par la mer en 1634 après une terrible tempête. Nordstrand ayant un niveau un peu plus élevé, on parvint à endiguer de nouveau cette partie de l'île disparue.

Die Marscheninsel Pellworm wird durch einen 30 km langen und fast 8 m hohen Deich geschützt. Das ist auch nötig, denn die Insel liegt fast ganz unter der mittleren Fluthöhe. Nach der großen Sturmflut von 1634 konnte dieser Rest der Insel Strand Stück für Stück wieder dem Meere abgerungen werden. Das Wahrzeichen der Insel ist die überwachsene Turmruine der Kirche St. Salvator. Der Turm der im 12. Jahrhundert gebauten alten Pellwormer Kirche hatte zwar die großen Fluten am Ende des 12. Jahrhunderts überstanden, war aber dann im Jahre 1611 eingestürzt.

The marsh island of Pellworm is protected by a 30km long, 8m high dyke. This is necessary as the island lies under mean tide level. After the flood of 1634 this part of Strand Island was reclaimed bit by bit. The tower of the Pellworm Church of St. Salvator was built in the 12th century and survived all floods until it collapsed in 1611. The church was rebuilt but the tower remains as a ruin.

L'île de Pellworm est également un ancien morceau de l'île de Strand, que l'on parvint à arracher à la mer. Une digue puissante de 30 km de long et de 8 m de hauteur protège l'île qui est pratiquement située au-dessous du niveau de la mer. Son symbole est la tour en ruine de St Salvator, l'ancienne église de Pellworm datant du 12e siècle. Sa tour s'écroula en 1611 après avoir résisté aux grands raz-de-marées de la fin du 12e siècle. L'église endommagée fut reconstruite, mais sans clocher.

Hooge ist wohl die bekannteste der nordfriesischen Halligen, nicht zuletzt durch den "Königspesel" von 1776. Er befindet sich im Hause des Kapitäns Tade Hans Bandix. Der Pesel ist in einem Friesenhaus der am besten ausgestattete Raum, sozusagen die "gute Stube". Diese wurde in Bandixens Haus "Königspesel" genannt, weil König Frederik VI. von Dänemark im Sommer 1825 dort logiert hat. Das Inventar der Hooger Kirche stammt zum großen Teil aus dem Gotteshaus von Osterwohld, einem 1634 bei der großen Sturmflut untergegangenen Dorf auf der Insel Strand.

Hallig Hooge is the best known North Frisian hallig, also due to the "Königspesel" of 1776. A pesel is the "front room" of a Frisian house, and this King's Pesel is to be found in the house of Captain Tade Hans Bendix on the Hans-Warft and owes its name to the fact that Frederik VI of Denmark spent the summer of 1825 there. Much of the contents of the church of Hooge came from the church at Osterwohld, a village on the island Strand, which was destroyed in the flood of 1634.

Hooge est la plus connue des Halligen, notamment parce qu'elle abrite le "Königspesel" que l'on visite dans la Maison Hansen (1776) où vécut le capitaine Tade Hans Bandix. Le "Pesel" est le nom donné à la plus belle pièce d'une demeure frisonne. Celle de la Maison Hansen fut appelée "salon du roi" car le roi Frédéric VI du Danemark y logea durant l'été 1825. Le mobilier de l'église de Hooge provient en grande partie de l'église du village d'Osterwohld qui était situé sur Strand et fut englouti en 1634 par un raz-de-marée.

Die Hallig Hooge trägt insgesamt 9 Warften. Zentrum ist die Hanswarft, wo sich allein 15 Häuser eng aneinanderdrängen. Im Sommer kommen fast täglich Besucher nach Hooge. Sie können die jodhaltige Luft genießen, Cafés und Restaurants besuchen. Bei Halligführungen wird auch immer der Friedhof auf der Kirchwarft besucht, wo sich der aus angeschwemmten Stämmen bestehende "Glockenstapel" befindet. Hooge hat heute einen Sommerdeich, der das Überfluten bei normalem Wasserstand verhindert.

Hallig Hooge has 9 wharves. The centre is the Hanswarft where 15 houses are squashed close together. Summer brings many daytrippers to Hooge. They can enjoy the fresh air, visit the cafes and restaurants and the cemetery where the "Glockenstapel" is to be seen. Hooge has a summer dyke which protects the island from normal flooding.

Hooge possède en tout neuf "Warften", de petits hameaux construits sur des tertres artificiels. Le plus grand est Hanswarft qui comprend 15 maisons serrées les unes contre les autres. Kirchwarft abrite un intéressant cimetière où l'on peut voir le "Glockenstapel". En été, des visiteurs viennent presque chaque jour visiter l'île. L'air iodé y est tonique, les cafés et restaurants acueillants. Aujourd'hui, Hooge a également une digue d'été qui protège du flux normal de la mer.

Diese längliche Hallig - der Name deutet es auch an - hat ihre Gestalt im Laufe der Jahrhunderte stark verändert. Ebbe und Flut sorgten für Landneubildungen, und an anderen Stellen entstanden Abbruchkanten, wo das Meer Meter um Meter zurückholte. Heute ist die Hallig Langeneß ein idealer Ferienort für Naturfreunde und Familien mit Kindern. Wenn man nicht alle Strecken zu Fuß zurücklegen will (was, wenn man Zeit hat, möglich ist), kann man den "Halligexpress" benutzen und die Honkenwarft besuchen, um dort eine sehr schön eingerichtete Friesenstube anzusehen.

This long hallig has changed its shape radically over the centuries. The tides have eaten away at it and at the same time deposited new sand. Today the hallig Langeness is an ideal resort for naturelovers and families with children. Those who do not want to walk everywhere can take the "Halligexpress" and visit the Honkenwarft to see the beautifully furnished Frisian room.

La forme de la longue île -d'où son nom- a considérablement changé au cours des siècles. Le flux et le reflux ont fait gagner des terres tandis qu'en d'autres endroits, la côte s'effondrait, laissant s'infiltrer la mer, mètre par mètre. Aujourd'hui, Langeness est un lieu de villégiature idéal pour les amoureux de la nature et les familles. Si l'on ne veut pas parcourir toute l'île à pied, on peut prendre le "Halligexpress" jusqu'à Honkenwarft où se trouve une très jolie demeure frisonne.

Die Insel Amrum gilt unter Kennern als "Geheimtip". Im Schatten von Sylt und Föhr wird sie leicht übersehen, obwohl sie eine außergewöhnlich schöne und weitgehend naturbelassene Insel ist. Man erreicht das um die Jahrhundertwende angelegte Seebad Wittdün nach etwa 2 Stunden Fahrt mit der Fähre. Meistens geht die Fahrt über Wyk auf Föhr, wo das Schiff Zwischenstation macht. Über einen Wattweg kann man bei Ebbe von Amrum nach Föhr laufen. Man sollte diesen Wattgang allerdings nur mit einem ortskundigen Führer machen.

The island of Amrum is considered to be an "insider tip". Often unnoticed beside Sylt and Föhr it is an extraordinarily beautiful island which has a mainly untouched ecology. The ferry from Dagebüll takes about two hours to reach the Amrum resort of Wittdün. The ferry usually sails via Wyk auf Föhr. At low tide it is possible to walk from Amrum to Föhr through the shallows, but this should only be done with an expert guide.

L'île d'Amrum est une "adresse secrète" parmi les connaisseurs. Elle est bien moins fréquentée que Sylt et Föhr alors qu'elle possède une nature préservée d'une grande beauté. On atteint la station balnéaire de Wittdün, aménagée au tournant du siècle, après un trajet de deux heures avec les bacs qui partent de Dagebüll. La plupart du temps, les bateaux passent par Föhr où ils font halte à Wyk. A marée basse, on peut faire le trajet entre Amrum et Föhr à pied, mais il vaut mieux prendre un guide avant de s'aventurer dans les Watten.

Föhr hat ebenso wie Amrum schöne Sandstrände, aber keine Brandungsbereiche, weil die Insel im Schatten von Amrum liegt. Wirkt Amrum wild und urwüchsig, so hat Föhr eher das Flair eines ruhigen Kurbades mit Promenade, zahlreichen Läden und Cafés. Einen mondänen Anstrich dagegen besitzt die Insel nicht. Und das, obwohl König Christian VIII. von Dänemark hier des öfteren im Sommer zu Gast war und auch Kronprinz Friedrich III. von Preußen gerne die Insel aufsuchte. In Wyk finden wir noch Gassen von Friesenhäusern, die drei- und vierhundert Jahre alt sind.

Like Amrum, Föhr has beautiful sandy beaches. Because it is sheltered by Amrum there are no breakers. Whereas Amrum is wild and natural, Föhr has the flair of a calm health resort with promenade, many shops and cafes. King Christian VIII of Denmark and Crown Prince Friedrich III of Prussia spent their summers here. In Wyk we find many narrow alleys with three or four hundred year old Frisian houses.

Comme Amrum, Föhr a de très belles plages de sable, mais pas de hautes lames car elle est protégée par Amrum. Ses paysages sont également moins sauvages que ceux d'Amrum. On y découvre l'atmosphère d'une station balnéaire paisible, avec une promenade, de nombreux magasins et cafés. Elle n'est pas mondaine non plus bien que le roi Christian VIII du Danemark et le prince héritier Frédéric III de Prusse y firent de nombreux séjours. A Wyk, on trouvera des ruelles pittoresques bordées de maisons frisonnes construites il y a trois ou quatre cents ans.

Unser Luftbild zeigt in der Mitte die fast runde, 82 Quadratkilometer große Geestinsel Föhr, im Hintergrund Amrum und vorn einen Teil der Hallig Langeneß. Sehenswert sind die Dorfkirchen und Friedhöfe, auf denen wir manche Zeugnisse von der Walfängervergangenheit der Föhringer Seeleute finden. Das Heimatmuseum in Wyk erzählt über die Geschichte der Insel. Seit Generationen wandern viele Föhringer in die USA oder nach Australien aus. Die Insel ist zu klein, um alle Nachkommen ernähren zu können. Bei Festlichkeiten tragen die Frauen noch eine der würdigsten deut-

The aerial photo shows the circular island of Föhr. In the background can be seen the island of Amrum, in the foreground part of Langeness. Those who do not like great breakers come to Föhr to enjoy the resort of Wyk or the idyllic inland villages. Worth seeing are the village churches and graveyards with their monuments to the seamen and whalers of Föhr. The local history museum in Wyk gives us an insight into the islands past. Generations of Föhrers emigrated to the USA or Australia and the island is far too small to feed all their descendants. On special occasions the women

La photo aérienne montre Föhr au centre, Amrum à l'arrière-plan et une partie de Langeness au premier plan. La mer du Nord est normalement très agitée. Ceux qui la préfèrent plus calme séjournent à Föhr ou à Wyk qui est aussi une station thalassothérapique. A voir sont les églises et les cimetières où l'on trouvera des témoignages du passé de pêcheurs de baleines des insulaires et les cages à oiseaux où l'on attirait autrefois les oiseaux migrateurs. Le musée folklorique de Wyk raconte l'histoire de l'île. L'île ayant un sol fertile, on y pratique surtout l'élevage des vaches laitières. Cependant, elle est

schen Trachten mit dem ererbter silbernen Friesenschmuck. Da die Insel zum größten Teil aus Marschland besteht, wird hier vorwiegend Milchwirtschaft betrieben. Vom Deich aus sind die Vogelkojen, die man einst anlegte, um Zugvögel anzulocken, zu erkennen. Föhr wächst: im Norden wird wie früher Land gewonnen, und salzige Wiesen dienen Schafen als Weideland. Um die Dächer der Häuser in den Dörfern mit Reet zu decken, werden die Reetwiesen hinter dem Deich jedes Jahr abgeerntet.

wear the r traditional costumes with inherited silver Frisian jewellery. Most of the island is marshy and mainly used for dairy farming. Föhr is growing as the salt marshes are reclaimed for sheep grazing. The reed meadows behind the dyke are harvested every year for the traditional thatched rooves.

trop petite pour nourrir tous ses habitants, aussi, un grande nombre d'entre eux émigre aux Etats-Unis ou en Australie depuis des générations. Aux fêtes, les femmes revêtent leurs magnifiques costumes traditionnels et se parent des bijoux en argent que conserve chaque famille frisonne. Föhr ne cesse de s'agrandir: au Nord, on continue de prendre des terres sur la mer; des moutons broutent sur les prés salés. Chaque année, les roseaux derrière la digue sont coupés. Ils servent à recouvrir les toits des maisons villageoises.

Als Sylt noch eine "richtige" Insel ohne feste Landverbindung war, spielte Hörnum als Hafen für die von Hamburg und Helgoland kommenden Bäderschiffe eine große Rolle. In dieser Zeit um die Jahrhundertwende wurde auch die Inselbahn gebaut, um Hörnum mit Westerland und List zu verbinden. Heute besitzt der Badeort einen eher ruhigen Charakter. In der wechselvollen Geschichte der Insel hat es auch Zeiten gegeben, wo See und Strandräuber in Hörnum bestimmten. Heute konzentrieren sich die Einheimischen auf die Sommersaison und auf das Vermieten von Quartieren.

Before the causeway was built and Sylt was still a "real" island, Hörnum played an important role as harbour for the ships from Hamburg and Helgoland. At the turn of the century the island railway was built linking Hörnum with Westerland and List. Nowadays the village has more a quiet character. Though in earlier times it was known for its pirates and wreckers. Nowadays the locals concentrate peacefully on the summer season and the renting of rooms.

Quand Sylt était encore une "vraie" île, sans digue la reliant au continent, le port de Hörnum jouait un rôle important pour les bateaux de plaisance venant de Hambourg et Helgoland. Le chemin de fer qui relie Hörnum à Westerland et List fut construit au tournant du siècle. La station balnéaire a aujourd'hui une atmosphère paisible. Mais il y eut des temps, dans l'histoire mouvementée de l'île, où les pirates étaient maîtres de Hörnum. Aujourd'hui, les insulaires attendent tranquillement l'été et les estivants à qui ils donnent le couvert et le logis.

Bei Flut sieht man nur wenige Muscheln, und meistens auch nur die Schalen längst abgestorbener Tiere. Die geheimnisvolle Welt der Muschelbänke bekommt man zu sehen, wenn das Wasser abgelaufen ist und das Watt sechs Stunden lang betreten werden kann. Besonders an den Rändern der Priele - Wasserläufe, in denen das an- und ablaufende Wasser fließt - finden wir Muschelkolonien. Die im Bild zu sehende Herzmuschel ist an der Nordsee häufig und wird wegen ihrer schönen pastellartigen Farbabstufungen gerne als Souvenir mit nach Hause genommen.

At high tide the few shells to be seen are mostly the empty husks of long dead creatures, but when the tide goes out it reveals many banks of shells. The shellfish colonies are mainly found on the edges of the tidal channels. The Heart Shells to be seen in the picture are often taken home as souvenirs because of their delightful pastel shades. The mussels can be eaten as delicacies in the speciality restaurants.

A marée haute, on ne voit presque pas de coquillages, si ce n'est ceux de mollusques morts depuis longtemps. Le monde mystérieux des coquillages se dévoile lorsque la mer s'est retirée et qu'on peut parcourir les étendues de vase et de sable durant six heures. Les plus importantes colonies de coquillages se trouvent surtout près des chenaux dans lesquels l'eau monte vers le rivage et se retire. Les coquillages cardiidés de la photographie sont très fréquents sur la mer du Nord et collectionnés pour leurs jolies couleurs pastel.

Bevor die Marschen systematisch eingedeicht wurden und Landgewinnungsmaßnahmen in großem Stil begannen, war Leck Hafen und Mittelpunkt des Handels in der Karrharde. Die alten Fischerhäuser legen Zeugnis über diese Zeit ab, als die Seefahrt für den Ort Leck noch eine Rolle spielte. Das traditionelle nordfriesische Langhaus, eingeschossig mit tiefgezogenem Reetdach und Zwerchgiebel, finden wir leider heute nur noch selten in so gut gepflegter Form wie bei den hier abgebildeten Fischerhäusern. Sehenswert ist auch die Alte Apotheke am Marktplatz.

Before the dykes were built and the land reclamation projects were begun in great style, Leck was a port. The old fishermens' houses bear witness to Leck's earlier relationship with the sea. There are only a few of the traditional North Frisian longhouses as can be seen in the photograph left, and although its use has changed the old division between living area and animal area left and right of the gable can still be seen. The Old Apothecary in the market square is also well worth seeing.

Leck était un port important avant que les marais ne soient systématiquement endigués et qu'on ne prenne des mesures à grande échelle pour gagner des terres sur la mer. Les vieilles maisons de pêcheurs dans le village rappellent cette époque. Malheureusement, on ne trouve plus que rarement des maisons de pêcheurs frisonnes traditionnelles aussi bien conservées que celles montrées sur l'image. A voir également est la vieille pharmacie sur la place du Marché.

In der Nähe des heutigen Glücksburg gründeten Zisterziensermönche im Jahre 1210 das Rudekloster, um das herum sich bald ein Dorf bildete. Nach der Säkularisierung dieses Klosters baute Herzog Johann der Jüngere von Schleswig-Holstein die als Wasserschloß konzipierte Glücksburg. Im Jahre 1587 war sie fertiggestellt. Die Schwennau wurde aufgestaut, so daß sich ein Schloßteich bildete. Das Schloß in einer quadratischen Anlage mit vier achteckigen Türmen ist eine der schönsten Renaissancebauten Deutschlands.

The Rudekloster was a Cistercian monastery built in 1210 and soon a village grew up around it. After the secularization Duke Johann the Younger built this moated castle on its site. It was completed in 1587. Duke Johann was the founder of the dynasty which still lives in the castle and whose members were members of the royal families of Denmark, Norway, Sweden and Greece. The schloss is square with octagonal corner towers and served as model for many other castles.

En 1210, des moines cisterciens fondèrent le cloître de Rude autour duquel un village se développa. Après la sécularisation de ce cloître, le duc Jean le Jeune de Schleswig-Holstein fit ériger le château de Glücksburg dont la construction se termina en 1587. La Schwennau fut comblée et il en résulta l'étang actuel. Le duc Jean est le fondateur de la famille habitant encore le château. Le château, un des plus bels édifices de style Renaissance d'Allemagne, a inspiré nombre de grands maîtres-d'œuvre et architectes.

Wegen seiner grünen Hänge ist Flensburg auch das "Heidelberg des Nordens" genannt worden. Am Ende einer schmal zulaufenden Förde gelegen, bietet diese Stadt außergewöhnliche Schönheiten. Die Altstadt ist liebevoll gepflegt, und Besucher machen gerne einen Stadtgang durch die vielen Kaufmannshöfe, die für die Fördestadt typisch sind und von der einst großen Bedeutung als Hafenstadt erzählen. Auf dem Kamm der westlichen Höhe lag das später verfallene und 1719 zum Abriß freigegebene Schloß Duburg.

Because of its green slopes Flensburg has often been called the 'Heidelberg of the North". Situated at the end of a fjord this city has many objects of beauty to offer. The old town is lovingly cared for and visitors can enjoy the old merchants courtyards typical of this once very important port. On the Western Hights once stood Duburg Schloss. It was built by Queen Margarethe of Denmark in the early 15th century and named after Jens Due. It was demolshed in 1719.

Entourée de versants verdoyants, Flensburg est également surnommée "l'Heidelberg du Nord". Située à l'extrémité d'une baie étroite, cette jolie ville portuaire abrite de vieux quartiers bien conservés, où des cours entourées de maisons de marchands, invitent à la promenade. Le château de Duburg, rasé en 1719, se dressait sur une hauteur à l'Ouest. Erigé au début du 15e siècle par la reine danoise Margarethe, il fut nommé d'après Jens Due, intendant de la cour de la souveraine.

Im 14. Jahrhundert entwickelte sich Flensburg zur Kaufmanns- und Handwerkerstadt. Die Handelsprivilegien, die das dänische Königshaus erteilte, verhalfen der Fördestadt zu einer führenden Stellung in Dänemark. Zahlreiche Bauwerke in der Altstadt erzählen vom Rumhandel, von den Reedereien, die Kaffee, Baumwolle und andere Güter nach Flensburg brachten. Zeitweise gab es in der Stadt über 200 Rum- und Schnapsbrennereien. Der Dampfveteran "Alexandra" erzählt aus der großen Dampferzeit aus der Jahrhundertwende..

Flensburg developed as a merchants and tradesmans town in the 14th century. The trade privileges awarded by the Danish court helped Flensburg to achieve a position of importance in Denmark. Numerous buildings in the old town bear witness to the rum trade and the shipowners who brought coffee, cotton and other goods to Flensburg. The masts of the tallships are long gone but have been replaced by the tradtional ships of the Museum Harbour, large and small pleasure craft and the veteran steamship "Alexandra", a saloon passenger ship.

Flensburg devint une ville de négociants et d'artisans au 14e siècle. Elle joua un rôle important pour le Danemark grâce aux privilèges de commerce que lui attribua la maison royale danoise. Dans la vieille ville, de nombreux édifices témoignent de l'activité des compagnies de navigations qui apportaient le café et le coton à Flensburg. A certaines époques la ville abrita plus de 200 distilleries de rhum et eau-de-vie. Aujourd'hui, les mâts des grands voiliers ne se hérissent plus dans le port, mais on peut voir de nombreux voiliers de plaisance et l'ancien bateau à vapeur "Alexandra".

Das Auf und Ab der blühenden Rapsfelder ist für das Angeln von heute ein unverwechselbares Merkmal geworden. Unterbrochen von Knicks und kleinen Buchenwäldern erstrecken sich die sanften Hügel bis zur Flensburger Förde. In Nübelfeld steht die Windmühle "Hoffnung", einer der wenigen Erdholländer mit Windrose, die in Angeln erhalten sind. Sie wurde 1841 errichtet. Südlich von Nübelfeld liegt der Scheersberg als höchste Erhebung Angelns. Auf ihm steht der 30 Meter hohe Bismarckturm, von dem aus man einen wunderbaren Blick über die Angeliter Landschaft hat.

The rolling rape fields have become symbolic of Angeln and broken only by hedgerows and birch copses the gentle hills stretch to the Flensburg Fjord. The windmill "Hoffnung" stands in Nübelfeld. Built in 1841 it is one of the few remaining of its kind in Schleswig-Holstein. South of Nübelfeld is the Scheersberg, the highest point in Angeln, and on it stands the Bismarck Tower from which one can experience a wonderful view of the Angeln countryside and on a good day one can see the Danish coast.

Les champs moutonnants de colza dessinent les paysages de l'Angeln. Entrecoupés de petits bois de hêtres, ils ondulent doucement jusque dans la baie de Flensburg. Le moulin à vent "Espoir", se dresse à Nübelfeld. Erigé en 1811 sur le modèle hollandais, il est un des rares en son genre existant encore dans la contrée d'Angeln. Au Sud de Nübelfeld, s'élève le Scheersberg, la plus haute colline de l'endroit, couronnée de la Tour Bismarck, haute de 30 m qui offre un panorama splendide jusqu'à la côte danoise par beau temps.

Die Mühle "Charlotte" weist den Weg in das Naturschutzgebiet Geltinger Birk. Dieser Küstenstreifen ist nahezu unbebaut und zeigt, wie wohl der größte Teil der Fördeküste aussah, bevor sich Menschen dort ansiedelten. Der Vogelwart der Birk erklärt Besuchern die einmalige Pflanzen- und Vogelwelt des Naturschutzgebietes und zeigt ihnen, welche Wege begangen werden können, ohne Zerstörungen anzurichten. "Charlotte" diente früher zur Entwässerung der tiefliegenden, feuchten Wiesen; Windmühlen wurden an den Küsten häufig für diesen Zweck gebaut.

The "Charlotte" windmill marks the entrance to the Geltinger Birk Nature Reserve. This strip of coast is virtually unbuilt and shows what the area must have been like before man settled here. The Birk's Warden shows visitors the unique plant and birdlife and which routes can be taken without inflicting damage to the ecology. A walk along the Birk takes about two hours. The "Charlotte" was used for draining the lowlying water meadows, as were many windmills in earlier times.

Le moulin "Charlotte" indique le chemin vers le parc naturel protégé de Geltiner Birk. Cette partie du littoral pratiquement déserte montre le visage que la côte avait avant que les hommes ne s'y installent. Le gardien du Birk explique le monde des plantes et des oiseaux aux visiteurs et leur indiquent quels chemins prendre pour ne pas endommager la nature. Une randonnée autour du Birk dure environ deux heures. "Charlotte" est un des moulins à vent qui autrefois servaient à assécher le sol marécageux près du littoral.

In Maasholm finden wir noch heute die nach 1701 entstandene Stadtstruktur mit langer, gerader Hauptstraße. Links und rechts stehen alte Giebelhäuser, die meist von Schiffern oder Fischern gebaut worden waren. Der Ort liegt auf der ehemaligen Insel Oehe, die dann später mit dem Festland zusammenwuchs. Heute hat Maashol einen großen Yachthafen, der gerne von Seglern aus Deutschland und Skandinavien besucht wird. Maasholm lädt zu einem geruhsamen Spaziergang ein, aber auch zu einem leckeren Fischgericht in einem der vielen Spezialitätenrestaurants im Ort.

Maasholm was founded in 1701 and built along a long straight high street. Left and right stand old gabled houses built by fisherman and seamen. The settlement stands on the former island of Oehe which later grew to join the mainland. Today Maasholm has a large yacht harbour which is visited by sailors from Germany and Scandinavia. It is well worth enjoying a relaxing walk here or tasting the fish dishes in the local speciality restaurants.

Maasholm est située sur l'ancienne île d'Oehe qui rejoignit plus tard la terre ferme. La localité est aujourd'hui un grand port de plaisance, accueillant notamment des voiliers allemands et scandinaves. Les longues rues à angles droits aménagées après 1701, sont bordées d'anciennes maisons à pignons construites pour la plupart par des marins et des pêcheurs. On y découvrira une atmosphère paisible, mais aussi de nombreux restaurants servant de délicieux plats de poisson.

Auf der Luftaufnahme sehen wir Bauten, die der Versandung des Fahrwassers entgegenwirken sollen. Daß es an der Schleimündung Probleme dieser Art gab, ist schon aus dem 17. Jahrhundert überliefert. Vor der heutigen Küste südlich der Schleimündung hat es um 1120 eine Burg gegeben, die aber bald dem Ansturm des Meeres weichen mußte. Der Hafen des Ortes Schleimünde ist nur klein, bietet aber bedrängten Seglern, die oft Schwierigkeiten haben, die Meeresenge zu passieren, Zuflucht.

In this aerial photo we can see constructions built to prevent the silting up of the waterway. Such problems have been documented since the 17th century. The spit hooks near the mouth of the Schlei are fed with stone from the Schönhagen Cliff which loses about 80cm a year. South of the Schleimünde was a castle built in 1120 but has long since fallen victim to the sea. The harbour of Schleimünde is only small but offers a safe harbour for sailors in difficulty.

Sur la vue aérienne, nous voyons des constructions destinées à empêcher l'ensablement de la voie d'eau. Au 17e siècle déjà, on luttait contre ce problème à l'embouchure de la Schlei où la languette de terre en forme de crochet est alimentée par des pierres de la falaise de Schönhagener qui perd 80 cm par an. En 1120, un château-fort s'élevait au Sud de l'embouchure, mais il fut victime des assauts de la mer. Bien que le port de Schleimünde soit petit, il offre protection aux voiliers qui ont souvent des difficultés à passer l'étroit bras de mer.

Die Entstehung von Kappeln als Fischersiedlung steht im Zusammenhang mit einer Kapelle, die 1357 erstmalig erwähnt wurde. Heute bildet die Stadt einen Mittelpunkt in Angeln und gilt als Touristenzentrum. Die Kirche St. Nikolai ist eine Predigtkirche in spätbarocken Stil, eine Seltenheit in dieser Region. Auffallend sind der große Innenraum mit doppelter Hufeisenempore und die Logen-Emporenfront gegenüber. Das Wahrzeichen von Kappeln zeigt sich als 30 Meter hohe Galerieholländer-Windmühle aus dem Jahre 1888. In ihrem Innern ist das Fremdenverkehrsbüro untergebracht.

Kappeln grew up as a fishing settlement around the Chapel from which it gets its name. Today the town is the hub of eastern Angeln and a popular tourist resort. The Church of St. Nikolai is built in the late baroque style and is a rarity in the region. Particularly noticeable are the large interior with its double horseshoe gallery and the facade of the box-gallery opposite. Kappeln is famous for its over 30m high Dutch-style windmill dating from 1888. Today it houses the Tourist Information Centre.

Le village de pêcheurs de Kappeln se développa autour d'une chapelle mentionnée pour la première fois en 1357. Le bourg est aujourd'hui un centre touristique important dans l'Est d'Angeln. L'église Saint-Nicolas fut construite dans le style baroque tardif, ce qui est rare dans la région. Son intérieur est intéressant avec une galerie double en fer à cheval et une tribune vis-à-vis. Le moulin de type hollandais, construit en 1888, est le symbole de Kappeln. L'édifice haut de 30 mètres abrite l'office du tourisme.

Arnis als kleinste Stadt Schleswig-Holsteins besteht im wesentlichen aus einer langen Straße, die von kleinen, oft mit erkerartigen Vorbauten, sog. "Utluchten", versehenen giebelständigen Häusern gerahmt wird. - Abgesehen von der architektonischen Entgleisung des Wikingturms aus den 60er Jahren zeigt Schleswig ein schönes Stadtbild, in dem die große schlanke Turmspitze des Doms ein wichtiger Akzent ist. Sehenswert sind die in den letzten Jahren renovierten Häuser um den Rathausmarkt, ebenso am Holm in der Nähe des Domes

Arnis is the smallest town in Schleswig-Holstein and consists of a long street bordered by gabled houses. - When visiting Schleswig a shipstour on the Schlei with its variations of picturesque shores is a must. Schleswig is a delightful city dominated by the cathedral spire. Particularly worthwhile seeing are the well-restored houses in Town Hall Square and the Holm.

Arnis, la plus petite localité de Schleswig-Holstein, se compose principalement d'une longue rue bordée de modestes maisons à pignons et encorbellements. - Hormis la Tour des Vikings d'un goût douteux construite dans les années 60, la ville de Schleswig présente une physionomie attrayante dominée par le haut clocher pointu de sa cathédrale. A voir sont les anciennes maisons récemment restaurées de la place de l'Hôtel de Ville et du quartier "am Holm" près de la cathédrale.

Das Wikingermuseum, das man sich auf keinen Fall entgehen lassen sollte, liegt am Haddebyer Noor in der Nähe der ehemaligen Handelsstadt Haithabu, von der heute nur noch ein Ringwall zu sehen ist. Eine Besonderheit im Museum sind die Experten, die sich auf den Spuren der handwerklichen Techniken der Nordmänner bewegen. Sie zeigen, wie ein Steilbeil entsteht, wie man mit einfachen Werkzeugen einen Einbaum herstellt. Höhepunkt im Museum ist die Schiffshalle, in der ein vor Haithabu ausgegrabenes Schiff Stück für Stück restauriert wird.

The Viking Museum is something not to be missed and is situated on Haddeby Moor near the former trading centre of Haithabu of which only the ringed embankment remains. The visitor can learn everything about the Viking Period and there is an excellent exhibition of artifacts enhanced by films and slides. There are experts present who demonstrate such old crafts as the making of stone axes, dugout canoes. In the ships hall there is the reconstruction of a Viking ship excavated near Haithabu.

Il faut absolument visiter le musée des Vikings situé au Haddebyer Noor près de l'ancienne ville marchande d'Haitbahu dont il ne reste aujourd'hui qu'une enceinte. Des collections, des films et des diapositives expliquent ce que fut la vie des Vikings. Des experts en techniques artisanales normandes, montrent comment les Vikings fabriquaient des haches et des canoës avec des outils rudimentaires. Le chef d'œuvre du musée est un drakkar, trouvé près de Haithabu et restauré pièce par pièce.

Der Name "Eckernförde" kommt vom dem Wort "Ykaernaeburgh", was "Eichhörnchenburg" bedeutet. 1197 wird die Stadt erstmalig in Urkunden erwähnt. Eckernförde war immer zu Holstein zugehörig und erlebte im 18. Jahrhundert durch Getreidehandel und Fayencemanufaktur eine wirtschaftliche Blüte. An den Gebäuden, die zu dieser Zeit entstanden, ist das ablesbar. Das betrifft besonders die Bürgerhäuser in der Kieler Straße, der Gudewertstraße und im Kattsund. In Eckernförde herrscht heute reger Bade- und Kurbetrieb.

The name "Eckernförde" comes from "Ykaernaeburgh" or Squirrel Castle. The town was first mentioned in 1197 and always belonged to Holstein. It experienced a boom in the 18th century due to grain trade and fayance manufacture which can be seen from the buildings of the period. Such examples can be seen in the Kieler Strasse, Guderwertstrasse and Kattsund. Today Eckernförde is important as a health and seaside resort.

Le nom d'Eckernförde est dérivé d'un mot signifiant "château-fort des écureuils". Le bourg est mentionné pour la première fois en 1197. Eckernförde qui a toujours appartenu au Holstein, vécut une grande période de prospérité économique au 18e siècle, grâce au commerce des céréales et à la manufacture de faïences, ce dont témoignent les édifices de cette époque, notamment les maisons patriciennes des rues dites Kielerstrasse et Gudewertstrasse et du quartier "im Kattsund". Eckernförde est aujourd'hui une station balnéaire animée.

Die Rendsburger Eisenbahnhochbrücke entstand in den Jahren 1911-14 nach Plänen von Friedrich Voß. Sie ist 41 Meter hoch, 7,5 km lang und kostete 13,4 Millionen Reichsmark. In der Bauzeit galt die Brückenanlage als eine der modernsten Europas. Es ist ein Erlebnis, mit dem Zug die Rampen der Brücke heraufzufahren und dann in einer Schleife auf die andere Seite des Kanals zu gelangen. - Inmitten der Innenstadt Neumünsters präsentiert sich unübersehbar das im Jahre 1900 errichtete neugotische Rathaus. Das Wahrzeichen der Stadt ist jedoch die klassizistische Vicelinkirche.

The Rendsburg Railway bridge was designed by Friedrich Voss and completed in 1914. It is 41 metres high, 7.5 km long and cost 13.4 million Reichsmarks. At the time it was considered to be the most modern in Europe and it is quite an experience to travel up the ramps and then to ride along the loop over to the other side. - In the centre of Neumünster we find the neogothic City Hall built in 1900. The city is best noted for its classical Vicelin Church designed by Christian Friedrich Hansen.

Haut de 41 mètres et long de 7,5 km, le pont de chemin de fer de Rendsburg fut construit entre 1911 et 1914 d'après des plans de Friedrich Voss. A l'époque, il était une des constructions les plus modernes d'Europe. C'est une véritable aventure que de remonter la rampe du pont pour ensuite dévaler une courbe serrée jusque de l'autre côté du canal. - L'hôtel de ville néo-gothique construit en 1900 domine la physionomie de Neumünster. Toutefois le symbole de la ville est l'église Vicelin de style classique, œuvre de l'architecte Christian Friedrich Hansen.

Auch auf dem Luftbild ist der Schloßkomplex als beherrschender Bau Plöns deutlich erkennbar. Besonders schön präsentiert sich das Schloß, wenn man von Norden kommend in die Stadt hineinfährt. Die Entstehung Plöns geht zurück auf eine wendische Siedlung namens Plune, die der Chronist Helmond erwähnt. Graf Adolf III. ließ 1173 den Vorgänger des Schlosses, eine Burg, auf der Höhe am See errichten. Die Schauenburger Grafen hatten etwa von 1290-1390 dort ihre Residenz. Das 1633 begonnene Schloß war lange Zeit die Sommerresidenz der dänischen Könige.

As can be seen from the photograph Plön is dominated by the schloss and the view when entering Plön from the north is unsurpassable. The settlement of Plune was mentioned in the chronicles of Helmond. Earl Adolf III built a castle on the site in 1173 and it was the residence of the Earls Schauenburg from 1290-1390. The present three-winged schloss, dating from 1633, was the summer residence of the Danish kings.

La photographie aérienne montre distinctement que le château de Plön est l'édifice le plus important de la ville. On découvre sa plus belle perspective en entrant dans la cité par la route du Nord. La fondation de Plön remonte à une agglomération sorabe mentionnée par le chroniqueur Helmond. Le comte Adolf III fit construire un fort sur le site en 1173. Les comtes de Schauenburg y résidèrent de 1290 à 1390. Le château actuel, commencé en 1633, fut longtemps la résidence d'été des rois danois.

Preetz liegt im Landkreis Plön an der Schwentine in unmittelbarer Nähe des Lanker Sees. Die Stadt ist ebenso wie Plön eine slawische Gründung. Das 1226 gegründete Benediktinerinnenkloster war lange Zeit Mittelpunkt der Fischer-, Handwerker- und Bauernsiedlung, die sich um das Kloster herum bildete. Die Klosterkirche ist das einzige Gebäude, das von der mittelalterlichen Anlage des Klosters übrigblieb. Es zeigt sich als ein durch harmonische Formen wirkender, zwischen 1325 und 1340 errichteter Backsteinbau. Der Hauptaltar der Kirche ist im spätbarocken Stil gestaltet

Preetz is situated on the River Schwentine next to Lake Lank in Plön County. Like Plön the town was founded by Slavs. The Benedictine Convent, founded in 1226, was for a long time the central point of the surrounding fishing, craft and farming settlement. Of the medieval convent only the church remains. It has a harmonious form and dates back to 1325. The main altar is late baroque.

Preetz sur la Schwentine est située dans l'arrondissement de Plön à proximité du lac de Lanker. Comme Plön, la ville était un village sorabe à l'origine. Plus tard, une agglomération de pêcheurs, paysans et artisans se développa autour d'un cloître de Bénédictines fondé en 1226 Les bâtiments médiévaux n'existent plus, sauf l'église, un édifice en briques aux lignes harmonieuses bâti entre 1325 et 1340. L'autel de style baroque tardif est une œuvre de T. Schlichting de Lübeck.

Kiel ist Schleswig-Holsteins Landeshauptstadt, erkennbar durch die Ministerien, die zum großen Teil ihre Fronten zum Hafen hin ausgerichtet haben. Städtischer Mittelpunkt ist der "Kleine Kiel" mit dem Rathaus, dessen schlanker, 106 Meter hoher Turm ein wichtiges stadtbildprägendes Element darstellt. Da die Stadt Kiel im Zweiten Weltkrieg stark zerstört wurde - besonders trifft das für den ehemaligen Altstadtkern am Westufer zu - wird das Erscheinungsbild stark durch Nachkriegsbauten bestimmt, besonders in der Holstenstraße und am Alten Markt. Wer sich den Grundriß der

Kiel is the State Capital of Schleswig-Holstein. The "Kleine Kiel" or "Little Kiel" forms the centre of the city. Here we find the City Hall with its tall slim 102 metre high tower. It was designed by H.Billing and built between 1907 and 1911. The centre facade displays art nouveau sandstone decorations. Due to the extensive destruction by bombing in World War II, particularly to the old town on the west bank, the city is characterized by its postwar architecture. Kiel was founded between 1233 and 1242 by Earl Adolf IV of Holstein. In 1490 the city was ceded to the House of Gottorf, and was

Les ministères situés pour la plupart sur le port, montrent que Kiel est la capitale du Schleswig-Holstein. Son cœur est le quartier dit Kleiner Kiel où se dresse la tour haute de 106 mètres de l'hôtel de ville, un des symboles de la cité. Kiel a été gravement endommagée durant la seconde guerre mondiale, notamment sa vieille ville sur la rive ouest. Elle présente aujourd'hui une physionomie où dominent les constructions d'après-guerre. Kiel fut fondée entre 1233 et 1242 par le comte Adolf IV de Holstein et reçut ses droits communaux en 1242. En 1490, elle revint à la maison Holstein-

Landeshauptstadt anschaut, erkennt an seinem Regelmaß die mittelalterliche Gründung (zwischen 1233 und 1242 durch den Grafen Adolf IV. von Holstein). 1242 erhielt Kiel lübisches Stadtrecht. Im Jahre 1490 wurde die Stadt im Rahmen der Teilung der Herzogtümer Schleswig und Holstein dem Hause Gottorf zugeschlagen. Zwischen 1469 und 1496 war die Fördestadt an Lübeck verpfändet. Ab 1773 gehörte Kiel dem dänischen König. Seit der Übernahme durch Preußen 1866 entwickelte sich die Stadt allmählich zum Marinezentrum.

pledged to Lübeck between 1469 and 1496. Kiel belonged to the Danish Crown from 1773 on, and with the building of the Eider Canal and the railway line to Altona the city flourished. After the Prussian takeover of 1866 the city took on a strong naval character as can be witnessed by the ruins of the submarine pens.

Gottorf après la division des duchés Schleswig et Holstein. Entre 1469 et 1496, la ville fut laissée en gage à Lübeck. A partir de 1773, Kiel fut une possession danoise et connut un grand essor économique grâce à la construction du canal de l'Eider et de la première voie de chemin de fer vers Altona. Devenue prussienne, la ville se développa en port de guerre, ce dont témoignent les ruines d'abris pour sous-marins sur le côté oriental du port.

Die Kieler Woche ist das maritime Ereignis Deutschlands, und Jahr für Jahr reisen Tausende von Besuchern in die Landeshauptstadt, um an der Veranstaltung teilzunehmen. Die Segelregatten stehen im Mittelpunkt der Veranstaltung, und viele verfolgen die Ereignisse von Begleitbooten aus, die in großer Zahl die Förde befahren. Im Rahmen der Kieler Woche gibt es ein umfangreiches Kulturprogramm; dazu gehört auch ein Spezialitätenmarkt auf dem Rathausmarkt mit Sehens- und Genießenswertem aus vielen verschiedenen Ländern.

Kiel Week is the German maritime event, and thousands of visitors pour into the city every year to take part. The regattas are the focal point and many like to view the event from pleasure craft in the fjord. Side-events include an extensive cultural programm with entertainment and food from many different countries. There is folk music in the air and down by the water on the "Kiellinie" there is stall after stall for the adults and the special playgrounds are the small childrens' delight.

La "Semaine de Kiel" est le plus grand événement de sports nautiques d'Allemagne. Chaque année, des milliers de visiteurs viennent assister aux manifestations sportives dont le clou sont les régates. Un grand nombre de spectateurs suivent la course de voiliers depuis des bateaux qui accompagnent les participants. La "Semaine de Kiel" inclut également un vaste programme culturel avec, en outre, une foire offrant les spécialités de différents pays et des représentations de groupes folkloriques. Le bord de mer est envahi de marchands des rues.

Das Freilichtmuseum in Kiel-Molfsee liegt an der Hamburger Landstraße außerhalb der Innenstadt. Es ist aber gut mit dem Auto oder mit öffentlichen Verkehrsmitteln zu erreichen und sollte bei einem Kiel-Besuch auf keinen Fall ausgelassen werden. In jahrelanger Arbeit entstand von 1961 bis heute ein Ensemble in die Landschaft eingebetteter Gebäude, die für Schleswig-Holstein bedeutend sind. Es wird gezeigt, wie sich Bau- und Lebensformen entwickelt haben. Die Bauten sind nach Regionen geordnet und meist vollständig im Stil der entsprechenden Epochen eingerichtet.

The Molfsee Museum is located at the edge of Kiel on the Hamburger Landstrasse. It is easy to reach by car or public transport and should not be missed. Since 1961 a whole ensemble of traditional buildings have been collected and rebuilt in the grounds. They show the development of building styles and life in Schleswig-Holstein. Arranged according to regions they are almost all completely furnished with furniture of the corresponding period.

Le musée en plein air de Molfsee est situé sur la route nationale de Hambourg, dans la banlieue de Kiel. Il est facilement accessible en voiture ou avec les transports en commun et mérite vraiment une visite. Depuis 1961, un ensemble d'édifices traditionnels a été restitué sur le site. Ils montrent l'évolution des styles d'architecture et de vie dans le Schleswig-Holstein. Erigés dans un cadre verdoyant, les édifices sont regroupés selon les terroirs et, pour la plupart, meublés dans le style des époques évoquées.

Laboe, ursprünglich ein kleiner, in der Probstei gelegener Fischerhafen, entwickelte sich in diesem Jahrhundert zu einem gut ausgebauten Ostseebad mit zahlreichen Einrichtungen für Gäste und Erholungssuchende. Laboe kann von Kiel aus mit den Schiffen der Kieler Fördeflotte erreicht werden. Der Strand ist besonders gut und lockt im Sommer viele Badegäste an. Beherrschend für den Ort ist das leicht erhöht stehende Marine-Ehrenmal, entworfen von G. A. Munzer und errichtet in den Jahren 1927-36. Der Monumentalbau zeigt die Form eines stilisierten Schiffskieles.

Laboe, originally a small fishing village, has in this century developed into a well organized seaside resort with many amenities for tourists and seekers of relaxation. Laboe can be reached from Kiel with one of the many ships of the fjord fleet. The beach is particularly good and attracts many guests in summer. The resort is dominated by the naval monument designed by G.A.Munzer and completed in 1936. This giant construction in the form of a stylized ship's keel is made of ferro- concrete and faced with clinker and granite.

L'ancien petit village de pêcheurs sur la rive orientale de la baie de Kiel, est aujourd'hui une station balnéaire où les vacanciers trouveront de nombreux équipements et une belle plage de sable fin. Laboe est facilement accessible depuis Kiel avec les bateaux de la "Kieler Fördeflotte". Dominant le paysage, le monument pour la marine fut érigé de 1927 à 1936 par G.A. Munzer. Le monument à la mémoire des marins morts pendant la première guerre mondiale est un édifice de 85 m de hauteur représentant la proue d'un navire.

In Lütjenburg gibt es besonders viele alte, schön gestaltete Gebäude, so das Färberhaus von 1576, das barocke Rathaus und die Apotheke. Das kräftige Rot der Ziegel inmitten einer satten grünen Landschaft gibt dem Ortsbild einen starken ästhetischen Reiz. Holsteinische Grafen schützten einst den an wichtigen Handelswegen liegenden Ort mit einer "lütjen" (= kleinen) Burg. Vom Bismarckturm auf dem Vogelberg aus genießt man einen einmaligen Blick über das Ostholsteiner Hügelland und die Hohwachter Bucht.

There are many delightful old buildings in Lütjenburg such as the Färberhaus of 1576, the baroque town hall and the apothecary. The powerful red of the rooftiles rising above the green countryside makes the town aesthetically exciting. The Earls of Holstein protected the earlier trade route with a "lütjen" (=little) burg (=castle). In the 15th century the whole town was pledged to the Knights of Rantzau with consequent negative economic consequences. The view from the Bismarck Tower to the Bay of Hohwacht is unique.

Lütjenburg abrite un grand nombre de beaux édifices anciens dont la maison dite Färberhaus de 1576, l'hôtel de ville baroque et la pharmacie. Les maisons en briques d'un rouge vigoureux, posées au cœur d'un paysage verdoyant, offrent un tableau particulièrement idyllique. Jadis, les comtes de Holstein bâtirent un fort "lütjen" (=petit) pour protéger la localité au bord d'une route de commerce importante. La Tour Bismarck sur le Vogelberg offre un panorama splendide sur les collines d'Ostholstein et la baie de Hohwacht.

Auf dem Gelände des Gutes Panker hat es schon im Mittelalter und wahrscheinlich auch früher herrschaftliche Anwesen gegeben. Im Jahre 1741 kam Panker in den Besitz des Grafen Friedrich I. von Hessen-Kassel. Er übernahm es von der Familie Rantzau und faßte es mit einigen anderen Gütern zur "Herrschaft Hessenstein" zusammen. Friedrich Wilhelm, Sohn Friedrichs, tat sich als schwedischer Feldherr hervor und wurde wegen zahlreicher Verdienste in den Reichsfürstenstand berufen. Ihm wurde nach seinem Tode im Jahre 1808 ein Denkmal gesetzt, das neben der Zufahrt

There were probably earlier noble residences on this site before Panker came into the possession of Earl Friedrich I of Hessen-Kassel. He took it over from the Rantzau family and joined it with other estates to form the "Herrschaft Hessenstein". His son Friedrich Wilhelm gained fame as a general of the Swedish army and was created an Imperial Duke for his services. He was in favour of the abolition of serfdom and after his death a monument was raised in his memory which stands next to the entrance to the park. Since 1928 the estate belongs to a family trust. The descendents of the

Des demeures seigneuriales s'élevaient déjà au Moyen Age sur le sol de Panker. En 1741, le comte Frédéric I de Hessen-Kassel reprit le domaine de la famille Rantzau et y joignit d'autres terres pour constituer la seigneurie de Hessenstein. Son fils Frédéric-Guillaume se distingua si glorieusement dans l'armée suédoise qu'il reçut le titre de prince d'Empire. On sait aussi de lui qu'il s'engagea pour l'abolition du servage. Un monument à sa mémoire fut dressé à l'entrée du parc après sa mort en 1808. Panker appartient à la "Fondation princière de la Hesse" depuis 1928. Aujourd'hui

zum Park steht. Es handelt sich um einen Obelisken mit Postament. Seit 1928 gehört das Gut Panker zur "Kurhessischen Hausstiftung". Noch heute bewirtschaften die Nachkommen des Landgrafen von Hessen das Anwesen und wohnen auch im Schloß. Das um 1700 erbaute Schloß ist ein zweigeschossiger dreiflügeliger Putzbau mit rustizierten Kanten, Putzbändern und Walmdächern. An den Seiten stehen zwei Flügeltürme mit Zeltdach und Laterne. Zum Gut gehört ein großer englischer Park mit See, hölzernen Brücken und einem Gartentempelchen.

Earls of Hessen still occupy the schloss and run the estate. The three-winged, two-storey schloss was built around 1700 and has two wing towers with tented rooves. The estate has a large park in the English style with a lake, wooden bridges and a garden temple. The Hessenstein Observation Tower, built in the romantic neo-gothic style in 1841, stands on the Pilsberg.

encore, les descendants des landgraves de Hesse exploitent le domaine et vivent dans le château construit en 1700. L'édifice élégant, comprenant trois ailes et deux tours surmontées de campaniles, est entouré d'un grand parc à l'anglaise avec un lac, des ponts en bois et un petit temple. La tour panoramique de Hessenstein, érigée en style néogothique en 1841, se dresse sur le Pilsberg.

Eutin war ursprünglich eine fürstbischöfliche Residenzstadt für die Herzöge aus dem Hause Holstein-Gottorf. Graf Adolf II. von Schauenburg hatte nahe einer alten slawischen Burg um 1143 den Ort gegründet und dort vorwiegend Holländer angesiedelt. Aus dem Beginn des 13. Jahrhunderts stammt die als dreischiffige Basilika erbaute St.-Michaelis-Kirche. Das heute 17 000 Einwohner zählende Städtchen ist außerordentlich reizvoll und bietet viele schöne Ansichten, u.a. den in seiner mittelalterlichen Anlage gut erhaltenen Marktplatz.

Eutin was originally a Ducal-Bishopric seat of the Dukes of Holstein-Gottorf. Earl Adolf II of Schauenburg founded the town near an old Slav castle around 1143 and settled it with mainly Dutch immigrants. St. Michaels Church dates back to the 13th century. The town, with its population of 17,000, is delightful and offers many sights such as the well-preserved market square in its original medieval location.

A l'origine, Eutin était une résidence des princes-évêques de la maison Holstein-Gottorf. Vers 1143, le comte Adolf II de Schauenburg fonda la localité où il installa des Hollandais près d'un ancien château-fort sorabe. La basilique Saint-Michael à trois nefs date du début du 13e siècle. Elle est de style roman tardif avec des vitraux doubles et des frises sur les voûtes. La ville comptant aujourd'hui 17 000 habitants a des endroits très attrayants, notamment son quartier médiéval autour de la place du Marché très bien conservée.

Vorgeschichtliche Funde wie Grabhügel und Urnen belegen, daß die Gegend um Neustadt schon sehr früh dicht besiedelt war. 1227 gründete Adolf IV. von Holstein den Ort. Der Grundriß wurde geometrisch angelegt. Der Hafen spielte für die Entwicklung der Stadt die entscheidende Rolle, und im 17. Jahrhundert war Neustadt ein Zentrum des Schiffbaus. Durch die Brandkatastrophe von 1817 wurde das meiste an mittelalterlicher Bausubstanz vernichtet; das Kremper Tor als letztes erhaltenes Holsteiner Tor überstand zum Glück das Feuer.

Prehistoric finds such as burial mounds and urns suggest early settlement of the area. Adolf IV of Holstein founded Neustadt in 1227. The streets lead off perpendicular to the market square, typical planning for the period. The harbour played an important role in the development of the town and in the 17th century Neustadt was a centre of the shipbuilding industry. After the Fire Catastrophe of 1817 most of the medieval town was destroyed. The Kremper Gate was one of the few surviving buildings.

Des vestiges préhistoriques, tumulus et urnes, indiquent que la contrée fut très tôt habitée. Adolf IV de Holstein fonda Neustadt en 1227. La place du Marché carrée et les rues y débouchant à angles droits montrent l'aménagement urbain typique de l'époque. Le port joua un rôle décisif dans le développement de la ville qui devint un centre important de constructions navales au 17e siècle. En 1817, un incendie détruisit presque tous les édifices médiévaux.

Eines der größten deutschen Ostseebäder ist Grömitz; es besitzt einen fast 8 km langen feinen Sandstrand. 1813 wurde Grömitz Badeort. Er besitzt heute neben vielen Kureinrichtungen eine 3,5 km lange Promenade, ein großes Meerwasser-Freibad und eine 400 m lange Seebrücke. Ursprünglich war Grömitz ein Bauerndorf, das auf der Höhe des Steilufers lag. Im Jahre 1315 ist von der "Paaschburg" die Rede, von der 1824 noch Baureste vorhanden waren. 1872 wurden diese bei einer Sturmflut weggeschwemmt. Bis 1560 war Grömitz im Besitz des benachbarten Benediktinerklosters Cismar.

Grömitz is one of the largest German coastal resorts on the Baltic and has an almost 8 km long fine sandy beach and has been in existence since 1813. Today it has many health amenities, a 3.5 km long promenade, a large saltwater pool and a 400 m long pier. It was originally a farming village on top of a cliff where the "Paaschburg" stood from 1315. The last ruins were washed away in the flood of 1872. Grömitz belonged to the Benedictine Monastery at Cismar until 1560.

Grömitz qui possède une plage de sable fin longue de 8 km, est une des plus grandes-stations balnéaires allemandes de la Baltique. Grömitz possède aujourd'hui de nombreux établissements thermaux, une promenade de 3,5 km, une grande piscine d'eau de mer et une jetée de 400 m. A l'origine, Grömitz était un petit village se dressant sur une hauteur. Il est question d'un château-fort dans un écrit de 1315; ses ruines existaient encore en 1824, mais furent englouties par la mer en 1872. Jusqu'en 1560, Grömitz appartint au cloître de Bénédictins voisin de Cismar.

Der Oldenburger Graben war der Gründungs-ort für eine slawische Siedlung mit Namen Starigard, was soviel wie "alte Burg" heißt. Um 800 errichtete man auf einer in den sumpfigen Niederungen gelegenen Moräneninsel die erste Befestigung. Im 11. und 12. Jahrhundert war Oldenburg Zentrum vom Wagrien. Die Burg wurde mehr und mehr erweitert; sie ist, wie Ausgrabungen gezeigt haben, die größte bekannte slawische Anlage dieser Art in Deutschland. Die St.-Johannis-Kirche stammt von 1156; sie zählt zu den ersten reinen Ziegelbauten Ostholsteins.

The Oldenburg Rift is a depression running from east to west and was the location of the Slav settlement with the name of Starigard, meaning "old castle". The first fortifications were built on a maraine island in the swampy land around 800 AD. The castle was extended and extended and excavations show that it was the largest Slav construction of its kind. In the area the rest of the fortifications are north of the market place. The St. Johannis Church dates from 1156.

Les "Oldenburger Graben", un bassin maréca-geux s'étendant de l'Est à l'Ouest, abritèrent d'abord un village sorabe, appelé Starigard (= vieux fort), qui devint Oldenburg, la ville principale de la région aux 11e et 12e siècles. Son château-fort, construit en 800 sur une petite île de moraine, fut agrandi plusieurs fois. Des fouilles ont montré qu'il était le plus vaste édifice sorabe de ce genre en Allemagne. On peut en voir les ruines au Nord de la place du Marché. L'église Saint-Jean, construite en briques, date de 1156.

Fehrmarn wird mit dem Festland durch die 963 Meter lange Fehrmarnsundbrücke verbunden. Sie ist ein wichtiges Element der Vogelfluglinie, dem großen Verkehrsstrang von Portugal bis Skandinavien. Die Brücke wurde in den Jahren 1958-63 als Hochbrücke für den Auto- und Eisenbahnverkehr erbaut. Die Hauptdurchfahrt hat eine Breite von 240 Metern, die Durchfahrthöhe beträgt 23 Meter. Auf der Festlandseite führt eine 330 Meter lange Anfahrtsrampe auf die Brücke hinauf. Der elegant geschwungene Bogen im Mittelteil der Brücke ist heute zum Wahrzeichen der Vogelfluglinie geworden. Durch die Verwirklichung der kühnen Idee, den die Kieler Bucht mit der Mecklenburger Bucht verbindenden Fehmarnbelt mit einer Brücke zu überqueren, haben die Verkehrswege nach Skandinavien stark verändert. Die in Bau befindliche Brücke über den Großen Belt bekommt allerdings eine ganz andere, schon am Jahre 2000 orientierte Größenordnung.

Unsere Bilder-Rundreise durch Schleswig-Holstein ist nun zu Ende, denn wir sind wieder an der Ostsee-Küste angekommen, wo unsere Reise ihren Ausgang nahm. Obwohl wir vieles gesehen haben, müssen wir doch sagen, daß man nicht alles zeigen kann und das Gezeigte steht stellvertretend für das Ausgelassene. Die wichtigen Stationen im Lande haben wir in Bild und Text beschrieben. Nehmen Sie dieses Buch als Anregung für Ihre eigene Entdeckungsreise durch dieses Land. Hierbei sei eine Tour per Fahrrad oder Eisenbahn empfohlen und nehmen Sie sich etwas Zeit. Wir wünschen Ihnen viel Spaß bei Ihrer Entdeckungsreise!

Fehmarn is connected to the mainland by the 963 metre long Fehmarnsund bridge. It is an important element of the Vogelflug Route, the most important route from Portugal to Scandinavia. The bridge was built between 1958 and 1963 for road and rail traffic. The main crossing has a breadth of 240 metres and a height of 23 metres. On the mainland side here is a 330 metre long ramp leading up to the bridge, the construction of which required a mound of 670,000 cubic metres of soil. The ramp on the island side needed 870,000 cubic metres. Today the elegant arch of the middle section is the symbol of the Vogelflug Line. This bold idea of spanning a bridge across the Fehmarnbelt, which connects Kiel Bay with Mecklenburg Bay, dramatically changed the travel routes to Scandinavia but not as much as the Great Belt Bridge now under construction will. When it is finished the traffic flow will be diverted even further north.

Our pictorial journey through Schleswig-Holstein has now come to an end and we are back at the baltic coast from where we started out. Although we have seen a great deal we must admit that it is but a tiny bit of what Schleswig-Holstein has to offer. At the same time we can agree that what we have seen is representative of the "country between the two seas". We have described the important stations around the country in word and picture - use it as stimulation for your own voyage of discovery. Take the time to enjoy a bicycle ride or a trip on a train through the countryside. We wish you all the best on your voyage of discovery.

Long de 963 mètres, le pont de Fehrmarnsund relie Fehmarn au continent. Il est une pièce maîtresse de la "Ligne de vol d'oiseau", la plus importante voie de communication entre le Portugal et la Scandinavie. Le pont rail-route a été bâti entre 1958 et 1963. Le passage principal a une largeur de 240 m et une hauteur de 23 m. La rampe d'accès sur le continent est longue de 330 m. Sa construction exigea 670 000 mètres cubes de terre; il en fallu 870 000 pour la rampe sur l'île. L'arc élégant du pont est devenu un symbole de la "Ligne de vol d'oiseau". L'idée hardie d'ériger un pont sur le détroit de Fehmarn qui relie la baie de Kiel à celle de Mecklembourg, a considérablement modifié les communications vers la Scandinavie; mais la route changera encore lorsque le pont actuellement en construction sur le "Grosse Belt" sera achevé. Le trafic partira alors plus au Nord.

Notre circuit photographique à travers le Schleswig-Holstein s'achève car nous voici arrivés à la côte baltique d'où nous sommes partis. Nous avons vu beaucoup de choses, même si nous n'avons pas pu tout découvrir; mais les sites traversés nous ont donné une idée globale de la région. Nous avons décrit les étapes les plus importantes en mots et en images. C'est maintenant à vous de partir pour votre propre voyage d'exploration. Munissez-vous de ce guide, prenez le train ou la bicyclette et laissez-vous beaucoup de temps pour découvrir toutes les beautés de cette province du Nord de l'Allemagne. Bon voyage!